最美的季节
去最美的地方

追着四季去旅行

霍晨昕 王四新◎ 著

四川人民出版社

图书在版编目（CIP）数据

最美的季节去最美的地方：追着四季去旅行 / 霍晨昕，王四新著. — 成都：四川人民出版社，2019.10

（图说天下.国家地理系列）

ISBN 978-7-220-11460-1

Ⅰ.①最… Ⅱ.①霍…②王… Ⅲ.①旅游指南—世界 Ⅳ.① K919

中国版本图书馆 CIP 数据核字（2019）第 109182 号

ZUIMEI DE JIJIE QU ZUIMEI DE DIFANG
最美的季节去最美的地方
ZHUIZHE SIJI QU LÜXING
追着四季去旅行

霍晨昕　王四新　著

责任编辑	邹　近
封面设计	何　琳
版式设计	刘晓东
责任校对	申婷婷
责任印制	李　剑

出版发行	四川人民出版社（成都市槐树街2号）
网　址	http://www.scpph.com
E-mail	scrmcbs@sina.com
新浪微博	@四川人民出版社
微信公众号	四川人民出版社
发行部业务电话	（028）86259624 86259453
防盗版举报电话	（028）86259624
照　排	巨鹏图书
印　刷	艺堂印刷（天津）有限公司
成品尺寸	170mm×240mm
印　张	14
字　数	260千字
版　次	2019年10月第1版
印　次	2019年10月第1次印刷
书　号	ISBN 978-7-220-11460-1
定　价	29.90元

前言 Foreword

　　人生很长，可以做许多事；人生又很短，不过昼夜之间。青春年老，四季而已。春天热烈生长，夏天享受年少轻狂，秋天努力收获，冬天在年老中怀念过往。

　　人一生会走过许多地方：背上行囊去光怪都市追寻梦想，与爱人一起去他生活的地方，第一次带孩子去看名山大川，陪伴父母去美丽的异国他乡……

　　这时才豁然明白，人生就是一场走在四季里的旅行。

　　春天在日本看樱花，那南风吹来的粉色花团，正是少女羞红的脸颊，无须轻扑脂粉，就是好看的年华，就像古龙说的："水，只要泡茶，就不难喝；女人，只要是年轻，就不难看。"带着年少的梦，去布拉格舞蹈，去科罗拉多大峡谷探险，去斐济的沙滩晒出活力的小麦色……

　　夏天去里约热内卢参加一场狂欢，亲吻青春的脸庞，肆无忌惮地尖叫，捏碎成长的烦恼。当然，还要去威尼斯参加一场化装舞会，邂逅一张充满魅力的面具和一双明媚的眼睛。同爱人一起，守候爱琴海的日落，体验尼亚加拉大瀑布的刺激，到纽约去感受世界的繁华。

　　秋天去加拿大蒙特利尔，看繁华落尽后的枫叶，那种别样的火红，诉说着青春过后的时光如何变得美好。当然，苏格兰高地的秋天也不容错过，少一分躁动，多一分静谧，正如人生这个年龄，是沉静的、优雅的、田园式的金黄。

　　冬天在芬兰寻找圣诞老人，满足孩子们最天真的愿望。也要到北海道，欣赏曾经让你绯红了脸颊的地方，看看白雪覆盖后是什么模样。

　　曾经最强烈的渴望，现在都可以慢慢实现，用我的四季，去捡起古老的时光……

目录 contents

Chapter 1

没有一场旅行会错过春天

卡萨布兰卡，和煦春风里的美丽爱情

任时光流转，岁月如歌，卡萨布兰卡春风依旧。

烟波浩渺的大西洋岸边，在蔚蓝色的大海与同样蔚蓝色的天空交会之处，静静地卧着一座古老而迷人的城市。它有着白色浪花一样的色调以及一个动听的名字——卡萨布兰卡。当英格丽·褒曼迷人的身影在半个多世纪前的那个春天消失在这座城市之后，世人心中的卡萨布兰卡就染上了一层永不凋谢的春光。

白色的房子，白色的梦

摩洛哥，一个遥远而陌生的国度，也许你很少听人提到它，也不清楚它究竟在世界的哪方角落，但是卡萨布兰卡这个名字，却经常在你的脑海中回响。即使你从没去过那里，但这个名字，或许能勾起你的许多情思：一部成为经典的黑白爱情片，一首男中音演绎的悠长名曲，湛蓝的天，同样湛蓝色的海，白色的房子连成一体，画出一条浑圆的洁白的地平线，金色的阳光，还有黑漆漆的影院里，身旁的那个她传来的温热气息……

卡萨布兰卡，摩洛哥城市达尔贝达的旧名，是西班牙人送给这座城市的名字。也许是因为那部电影的原因，又或者是因为Casablanca这个单词韵律婉转，单单是念出这个名字，就会令人心中百转千回，它本来的名字反倒渐渐地被世人遗忘了。

卡萨布兰卡坐落在中世纪古城安法遗址上，安法古城于15世纪被葡萄牙殖民者破坏，15世纪下半叶，葡萄牙殖民者将此地彻底占领。摩洛哥人击败葡萄牙人的军队，赶走了殖民者后，摩洛哥国王西迪·穆罕默德·阿卜达拉赫于18世纪中叶下令，在原安法古城的遗址上修建一座全新的城市，并将其命名为"达尔贝达"。

在阿拉伯语里，"达尔贝达"为"白色的房子"之意。不知这座城市是因为白色的建筑而得名，还是因为先有名字才有了越来越多的白色房子，整座城

市自诞生之时，洁白就成了它的主色调。在辽阔蔚蓝的海洋辉映下，达尔贝达成了大西洋岸边一抹淡雅多姿的景象。

18世纪末，西班牙人渡海来到这里，当他们初次见到这座海岸边的珍珠城市之后，不禁赞叹："卡萨布兰卡！卡萨布兰卡！""卡萨"意为白色，"布兰卡"意为房子、宫殿。后来西班牙人取得了这座海港城市的控制权，将其命名为"卡萨布兰卡"。20世纪，摩洛哥独立后，该城市名又恢复为达尔贝达。

寻觅风景，寻觅故事

第二次世界大战爆发之后，整个世界都笼罩在战争的阴云之下，一部以卡萨布兰卡这座城市命名的浪漫爱情电影在好莱坞上映。影片中，时代洪流与个人命运交织下的爱情故事，给那个硝烟弥漫的年代带来了一丝柔情。

1941年，纳粹德国横扫欧陆，遥远的北非小城卡萨布兰卡也受到了战争的波及。这座维希法国统治下的小城，成为欧洲通往美国的重要中转站，只要能弄到一张通行证，就能前往大洋彼岸。一时间为了躲避纳粹铁蹄的欧洲人，纷纷来到卡萨布兰卡，本来安静祥和的小城，成了鱼龙混杂之地。

卡萨布兰卡机场附近豪华的里克酒馆顾客盈门，欧洲人、非洲人、亚洲人，形形色色、男男女女，人们聚在这个被世界遗忘的角落，觥筹交错、寻欢作乐，但是他们真正所关心的却只有一件东西——通行证，离开卡萨布兰卡的通行证。

里克酒馆的老板里克，是个玩世不恭的神秘人物，手里握着两张通行证的他，对卡萨布兰卡城里涌动的暗流，总是一副冷眼旁观的样子。直到有一天，一个名叫伊莉莎·伦德的女人和她的丈夫维克多·拉斯罗一起走进里克酒馆。

当里克面容冷酷地望着手中的酒杯，说着"世界上有那么多城镇，城镇中有那么多酒吧，为什么你偏偏走进我这一家"时，所有人都看到了这个外表冷漠的男人心底所隐藏的深深的柔情与专注。

伊莉莎不是别人，正是里克昔日的恋人。两人当年因为种种误解，最终各奔东西。在卡萨布兰卡重逢后，里克和伊莉莎解开了多年的误解，仍然深深相爱的两个人也陷入了艰难的抉择。然而，昔日的浪漫早已湮灭在风中，心中百转千回的里克，再一次将自己的生命押给了爱情。

最终，里克亲手将通行证交给伊莉莎的丈夫维克多，让心爱的女人和他远走高飞，并开枪射死了打电话阻止飞机起飞的德军少校，目送爱人消失在卡萨布兰卡的夜色中。

自《卡萨布兰卡》上映之后，卡萨布兰卡这座城市就成了追求浪漫的人们心中

▶ 电影《卡萨布兰卡》海报

▶ 夜幕降临时，温暖的灯光点亮了夜色，这时的卡萨布兰卡温柔、娴静，美得不可言说。

的朝圣地，来这里旅行的人们不仅是为了欣赏迷人的风景，更是在寻找爱情。

昨日不再，卡萨布兰卡

20世纪初，法国殖民者代替了西班牙殖民者，成为卡萨布兰卡新的统治者。法国人在卡萨布兰卡进行殖民统治期间，不仅在这里修建起了现代化的海港，同时还给这座北非城市带来了欧洲的优雅和法兰西的浪漫。一时间，卡萨布兰卡有了"北非巴黎"的美称。

时至今日，摩洛哥早已独立，但是卡萨布兰卡的城市布局依旧保持了当年的模样，它以联合国广场、穆罕默德五世广场、胜利广场等几个点为中心，宽阔平直的林荫大道从市中心向外辐射，与巴黎如出一辙。

卡萨布兰卡意为"白房子"，这里的建筑不论是那些历史留下的遗迹，还是现代人的杰作，都以白色调为主。漫步在卡萨布兰卡的大街小巷，阳台上的铸铁栏杆，线条温柔缱绻，玻璃映射着澄净的阳光；一株株高大的棕榈树下是白色围墙围成的院落，自有一番老欧洲的精致与浪漫。

卡萨布兰卡市中心联合国广场的北面，与广场仅仅一墙之隔，却别有一番天地。这里全然不是旧殖民地的欧洲风情，与英格丽·褒曼的好莱坞黑白电影里的卡萨布兰卡更是截然不同。

这里街巷狭窄曲折，宛如迷宫，叫卖声四起的集市里面，柏柏尔人男男女女穿着传统长袍行走其间。唯有鳞次栉比的同样粉刷成耀眼白色的砖房，让人意识到这里依旧是卡萨布兰卡。

这片容易被人遗忘的窄窄的老旧城区里，隐藏着最地道的摩洛哥餐馆。漫步于此，无须刻意寻找，只要一到午餐时间，循着浓郁的辛辣香气而去，肯定不会让你失望。这种独特的辛辣香气来自摩洛哥当地的特色美食，它由当地盛产的粗粒小麦面粉、杜松子、月桂叶、橄榄油、各类干果，外加鸡汤、牛羊肉、土豆、胡萝卜以及各类香料，共同烹制而成。

这样一顿充满异域风情的美食，起码要两个小时才能做好，所以如果你想

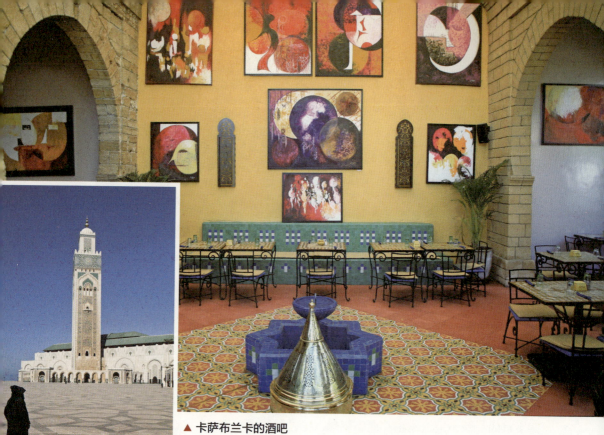

▲ 卡萨布兰卡的酒吧

◀ 哈桑二世清真寺

一品其味的话，最好向餐馆提前预订。下罢订单之后，可先在老城区的街巷里闲看风景，待腿累了、脚乏了，再折回餐馆，这时候一顿热腾腾、香喷喷的当地大餐正等着你大快朵颐。

酒足饭饱之后，重又恢复了精力的你，不妨沿着老旧的城区继续向北走，一直走到海边，驻足远望烟波浩渺的大西洋，便能看见卡萨布兰卡的地标——哈桑二世清真寺。

如果你是乘船抵达卡萨布兰卡，从海上便能远远望见哈桑二世清真寺高耸而笔直的主塔。这座方形建筑高度接近200米，远远超过埃及胡夫金字塔的高度。除了高大醒目的主塔外，哈桑二世清真寺还拥有一座可以容纳25000名信众同时做礼拜的大殿。

哈桑二世清真寺的设计者是法国建筑师米歇尔·朋索。朋索的设计既充分彰显了伊斯兰教元素，又融合了摩尔人与柏柏尔人的传统艺术，同时也不排斥现代科技。例如，礼拜大殿的天顶，便是一个由电脑控制开合的巨大天窗。

▲ 在很远的地方也能看到这座地标式的建筑。

达尔贝达，今夜请将我遗忘

　　距卡萨布兰卡城北20多千米处的穆罕默德亚海滩，是另一处让游客们向往的所在。海滩一带建有宾馆、饭店以及各种娱乐设施，它们都掩映在一排排整齐而高大的棕榈树和橘子树下。

　　远处海沙洁白宛若新雪，海水澄碧好似琉璃，海风轻拂如同恋人的触碰，无论是游泳、划船、钓鱼，还是享受日光浴和沙浴，这片海滩都是绝佳的选择。每到傍晚，人们可以漫步在海边的大道上，在这儿欣赏夕阳西斜，渐渐沉入浩瀚无垠的大西洋。

　　在风平浪静的大西洋的映衬下，卡萨布兰卡的海滨像一位温柔慵懒的少女，放眼望去，阳光下细浪泛起贝壳色的泡沫，轻轻地拂过沙滩。随着夜色渐浓，海浪唱着轻快的歌谣越退越远，沙滩上露出白色、褐色、深黄色的石头。海面上的船只，燃起星星点点的灯火，坐在岸边的长椅上望去，分不清哪些是天上的星光，哪些是海上的灯火。

只是，卡萨布兰卡早已不复是那个殖民时代熙熙攘攘的不夜之城，"伊莉莎""里克"们已成为远去的回忆。只有在联合国广场的一角，还保留着一块旧时代的小小绿洲。那里有家"卡萨布兰卡"主题酒吧，装潢与陈设都仿照里克酒馆，墙上挂满了《卡萨布兰卡》的海报和剧照，吧台上方悬着一架和电影里一模一样的螺旋桨飞机的模型。

这样静谧的夜晚，关上身后的门，仿佛便能忘记时光之流转，当酒馆里再次奏响那熟悉的旋律时，亦幻亦真的场景又一次在眼前播放、倒带、回放。灯影里，你手捧鸡尾酒跟邻桌那位和你一样的旅人举杯、微笑。达尔贝达，今夜请将我遗忘。

▲ 穆罕默德亚海滩

 旅程随行帖

卡萨布兰卡花

因为《卡萨布兰卡》的故事广为传播，世间还有一种花，以卡萨布兰卡为名，它是百合中的一种，其纯白的花瓣总是开得那么矜持高傲；它甜甜的香味，毫不做作，不见有丝毫隐藏。它是世上最美的百合花，在希腊神话中，百合是悲剧之花。

卡萨布兰卡花有八种花语：伟大的爱；一种充满回忆的花；象征淡泊的永恒；易变的心；不要放弃一个你深爱着的人；死亡，厌世的花；永恒的美；负担不起的爱。

▲ 阿姆斯特丹城内河网密布，随处可见供人行走的拱桥——一座名副其实的水城。

Amsterdam \\\\\\\\\\

阿姆斯特丹，邂逅欧洲最美的春天

　　欧洲春天的脚步从荷兰迈出！

　　荷兰是郁金香的王国，每年3月到5月是郁金香的花季，最不可错过的是位于阿姆斯特丹的全球最大的郁金香公园——库肯霍夫，在这里还能看到一年一度的花车大游行，这是荷兰人在春天最重要的活动之一。

　　法国思想家孟德斯鸠一直对阿姆斯特丹倍加推崇，他曾如此赞美过这里的风景："与威尼斯相比，我更喜欢阿姆斯特丹，因为后者环境浑然一体，山水交融。"作为荷兰的首都以及最大城市，阿姆斯特丹一直以花海、风车、凡·高博物馆等如画的自然风光和浓郁的文化气息著称，它温柔地、处变不惊地吸引着世人的目光，即便是短暂的驻足，也让人心池荡漾，流连忘返。

这里天光大好，诗意正浓

对于阿姆斯特丹，心里有一份搁置已久的情结。数年前，听着许巍的《蓝莲花》，随手翻着一页页有关阿姆斯特丹的图册，内心涌起了一份对美的向往，从那以后便辗转反侧，寤寐思服，直至踏上春之旅程。

初春，清晨的阿姆斯特丹显得清新而优雅，美丽而旖旎。这座城市的建筑兼具传统和现代气息，简单，淳朴，却又不失味道。城市里无处不是蓊蓊郁郁的参天大树，空气沁人心脾。每户人家阳台摆放的绿植上都点缀着盛放的花朵，透着在别处见不到的风雅。

荷兰是低地国家，作为首都的阿姆斯特丹平均海拔为2米。虽然举世皆知荷兰的部分地区是通过围海造地形成的，但是恐怕很少有人能想到，阿姆斯特丹

▲ 乘坐小船畅游于阿姆斯特丹的河道，人居水上、水入城中，人水相依，景自天成，恰如一个"北方威尼斯"。

◀ 阿姆斯特丹的夜景，柔美中透露着梦幻般的色彩。

城内的这些建筑都是建在数百万根木桩之上的。由于城区大部分地区的海拔都是低于海平面的，所以必须要靠堤坝和抽水机，城市才可以屹立不倒。

阿姆斯特丹城内河网密布，有数百条或大或小的水道，星罗棋布、纵横交错，随处可见桥梁，其中大部分是人行的石拱桥，这座城市也因此被人们称为"北方威尼斯"。站在小桥上看风景，水中船只行驶得不疾不徐，泛起阵阵涟漪。由于是水城，土地面积很小，而且都被水面给分割开了，所以在阿姆斯特丹，游玩时最好的交通工具是船和自行车。

湖光夜色总是透着无尽的浪漫，湖水清澈明净，两岸树木蓊郁，河道蜿蜒曲折，风光旖旎，说不出的诗情画意。到了晚上，你可以临河享用晚餐，俯瞰迷离的湖光夜色。晚餐后可以闲庭信步，感受运河的美好。看水无言，让心灵自由自在。

◀ 俯瞰阿姆斯特丹，运河带的多条河渠像条条丝带，星罗棋布，夜间更是精彩纷呈。

"泡"在水里的艺术之都

要了解以水为伴的阿姆斯特丹，一定要去看一看运河带。运河带于17世纪建成，有160多条河渠，长约75千米，远远望去，宛如一条丝绸般绵延展开的带子，炫彩夺目，魅力非凡。

河道上漂泊着数千家船屋，虽然有些简陋，但设施很齐全。船上还种着鲜花和绿植，追求时尚、追求生活品质的年轻人都喜欢住在船屋。

乘坐船只很方便，在阿姆斯特丹中央火车站前便可以，每隔15到30分钟就有一班。船只在碧波荡漾的水中航行，河道两旁是荷兰很典型的山形墙建筑。

起初，荷兰的房地产税是按门面的面积征收的，荷兰人为了少交些税金，都尽量减少门面面积，这样一来，门面就有些狭小，因此荷兰人就把注意力聚焦在屋顶的山墙上，但是各家的山墙又有所不同。装修时，由于门比较小，一些大型家具便无法从门口处搬入，这时就需从窗户进入。所以细心观察下会发现，房屋一般都设有吊钩。

乘坐船只，沿着河道，观看两岸鳞次栉比的建筑物，便可以细细感受这种建筑的独特之处。河道两畔还有各种特色的小店，别有一番韵味。不过由于航线数量很多，在乘船浏览时要根据自己的爱好来选择，时间设定在一小时左右就可以。

沿着运河带骑自行车也是很有趣味的，骑累了，便将车子随地一放，懒洋洋地坐在河道边，与朋友聊聊天，晒晒太阳。或者是一个人戴上耳机静静听音乐，感受下音乐与环境相融的乐趣。

若是春季来此地，那真是春风十里，春林初盛，春景如画。这时阿姆斯特丹的郁金香也开始绽放了，如同汪洋花海，美不胜收。

▲ 鲜花出口已经成为阿姆斯特丹的支柱产业之一，图为库肯霍夫公园里五颜六色的郁金香。

世界上最大的郁金香公园

　　很多人来到阿姆斯特丹，就是想亲眼见一见什么是花的海洋。在阿姆斯特丹，欣赏郁金香最好的地方便是在库肯霍夫公园了。它位于阿姆斯特丹近郊盛产球根花田的小镇利瑟，是世界上最大的郁金香公园。这座公园全年只在春季里的两个月向游人开放，也就是每年的郁金香花季。每年的这个时候，数十万来自世界各地的游客都会前去那里迎接"欧洲之春"。

　　库肯霍夫公园的历史可以追溯到15世纪，当时这片土地的拥有者为一位女伯爵。在她美丽的花园里，用人们还种植了很多蔬菜以供食用。在当时，女伯爵的花园里是没有郁金香花种的，因为直到16世纪，郁金香才被一个叫作罗卢斯·克卢修斯的园艺学家带到了荷兰。

▶ 这里是郁金香的国度，不同颜色、不同种类的郁金香都可以在这里找到，而且插花艺术也别有一番韵味。

克卢修斯在担任维也纳皇家花园的园丁时，奥地利驻土耳其大使从伊斯坦布尔带回了一大批郁金香球茎，并送到了克卢修斯那里，让他负责栽培。1593年，克卢修斯受邀到荷兰莱顿大学植物园工作，他随身携带的行李里就装着几个郁金香球茎。第二年，第一批郁金香便在荷兰盛开了。

如今，库肯霍夫公园内培植着大量郁金香，种类繁多，数量、质量也达到了世界之最。每年的3月到5月是郁金香的花期，从3月开始，公园里的700多万花朵依次绽放，形成壮观的花海，上千个品种的郁金香争奇斗艳，让人目不暇接。这是全世界喜欢看鲜花的人都不愿错过的一次盛会，荷兰人也会选个好日子和一家老小来到公园赏花，度过美好的春日时光。人们在公园里骑着自行车或者步行，道路两旁全是灿烂盛放的郁金香，人们往往沉醉其中，忘却一切烦恼。

郁金香色彩艳丽，变化多端，有白、粉红、洋红、紫、褐、黄、橙等颜色，深浅不一，有的单色，有的复色，不同颜色的郁金香又被人们赋予了不同的花语。郁金香在库肯霍夫公园内尽情展示着自己的缤纷色彩，将这里装扮成世界上最美丽的春季公园。

值得一提的是，据传这里还有一种非常罕见的蓝色郁金香，找到蓝色郁金香的恋人便能永不分手。当地人说蓝色郁金香只有在冬季才会绽放，如果你想给爱人一份浪漫，可以试着冬天带着爱人前来。

这里除了有成片的郁金香之外，还有娇艳的水仙花、风信子等，各种种类的鲜花汇聚成一个庞大的花的海洋，一眼望去，花朵随风浮动，香味也随之传来。刚开始时你可能会有些目不暇接，因为花实在是太多了，而且每朵花都有其独特的美，不过适应也是很快的，对于爱好拍照的人来说，即使随手拍，也能拍出完美的照片。

辛格水上花市

水上花市，光名字就让人有无限遐想。辛格水上花市是世界上唯一的水上花市，是世界上最温馨、最浪漫、最芬芳的地方之一。

远远望去，只见一排排建在水上的玻璃花房，颜色各异，如同"花花世界"。还未走近，便能闻到浓郁的香味，让人心旷神怡。

每天早上，商户们开着船来到了运河边，船里满是和花有关的东西，有各种颜色、各种形状的鲜花，大小不一的盆栽、球茎，花的种子等。

踏进花店，犹如进入花的仙境，随处都是色彩鲜艳的花朵，巧夺天工的工艺品，就连花店上方也挂满了精致美丽的干花，恍惚中，如走入了爱丽丝仙境。

暮春时节，花市里万紫千红、鲜艳欲滴，这才是真正的怒放。郁金香随处可见，不止有自然生长的，还有人造的永不凋谢的木郁金香。球茎种植在图案不同、形状各异的花盆里，有的印着风车图案、木鞋图案，也有葫芦形状、南瓜形状等，这里的花花草草都很是新鲜。

里面还种植着向日葵、草莓等许多小作物，可以买回去，自己耐心培养，等它慢慢地发芽、慢慢地长出叶子，这种经过自己劳动而获得成果的喜悦，是远远大于买现成盆栽的。

▼ 辛格水上花市上正在售卖的郁金香

▶ **荷兰桑斯安斯风车村**

来到这里，像来到了童话世界，听着风车转动的声音，可以静下心来将这些美丽的景色尽收眼底。

除了欣赏鲜花外，花艺也值得细细推敲。这里的插花与东方的不同，追求色彩鲜艳、饱满朴实。此外，还可以买到各种纪念品，印有荷兰美景的明信片、精致的木鞋、木制郁金香等，琳琅满目，讨人喜爱。

花市里人群川流不息，比肩接踵。挤在人群里，看着这些娇艳的花儿渐渐绽开，精致的饰品排排摆开，鼻尖传来沁人的花香，阳光扑面而来，让人萌发活着是如此美好的感受。

桑斯安斯风车村

荷兰被人们称为"风车之国"，很久以前这片土地上就流传着这么一句话："上帝创造了人，荷兰风车创造了陆地。"风车对于荷兰有着无可替代的作用。既然来到荷兰，当然不可错过欣赏风车。

阿姆斯特丹北部约10千米的桑斯安斯风车村便以风车闻名于世。这个村子有着悠久的历史，风景秀丽，人杰地灵，据说著名的军事家拿破仑就曾赞美过此地的风景。

来到桑斯安斯，如同迈入了童话世界：天空水洗般的蓝，地面像是被抹了浓郁的绿色，溪水倒映着天空，奇幻世界就这样在你眼前无限展开。小溪上架着一座木桥，漆着各种颜色；远处的木屋如同排排树木般，沐浴在一片阳光里；近处便是大小不一的风车，在风的吹动下，伸展着色彩艳丽的"手臂"，吱吱呀呀地转动一圈又一圈，场景甚是壮观。

这里的风车种类繁多，你能看到各个时期不同种类的风车。有些风车很大，"手臂"粗壮；有些风车则很小，"手臂"纤细。当然，风车的功能也不

▲ 阿姆斯特丹人在河口海边筑起堤坝，用风车抽干堤坝内的积水，陆地便由此而生，所谓"风车之国"也由此得来。

尽相同，有些是用来做装饰的，有的则有专门的用处，比如锯木头。阿姆斯特丹曾用风车将堤坝内的积水抽干，从而创造了陆地。如果细心观察，你还会发现风车的更多用处。

假如你是每年5月的第二个星期六来这里，那么你会看到这里的风车都悬挂着国旗和鲜花，因为每年的这一天是荷兰的风车日。

在桑斯安斯，你可以选择一片安静的空地坐下来，抬头仰望那些吱吱呀呀转动的风车，静静领略这份奇特的风景。

木鞋和奶酪

众所周知，荷兰是个"低洼之国"，地势较低，因而需要大规模地使用风车将海水排出，为了适应环境，荷兰人还形成了穿木鞋的传统。

据传，早在1280年，荷兰就已有木屐。那段时间，农民很贫困，买不起鞋子，而荷兰冬天又非常寒冷潮湿，不能赤足行走，于是，便有人将木头制成鞋子模样。最初的鞋子是仿照船制作的，鞋底很厚，鞋头上翘，里面可以填充稻草，用来取暖。由于制作简单、经济实惠，又能御寒，所以木鞋很快就流行起来。

现如今有些农民和渔民仍保留着穿木鞋的传统。穿木鞋进屋后，要将其脱掉放在木鞋架上。在某些地方，木鞋还是男女双方定情的信物。

目前木鞋的制作材料早已不再是只有木头这一种，材料不断增加，竟达几十种之

▲ 木鞋

多，如黄金、白银、翡翠、钻石、玛瑙、水晶、玻璃等。根据用途的不同，木鞋又可以分为登山鞋、钉子鞋、旱冰鞋等。

有兴趣的人可以试下穿木鞋的感受，建议在穿时先穿上厚袜子，因为木鞋比较硬，穿袜子能够舒服些。对木鞋制作过程感兴趣的人，可以在作坊里参观手工匠的制作过程。当然也可以买些木鞋模型，留作纪念。

说起荷兰的美食，首先要提的必然是大名鼎鼎的奶酪！荷兰是奶酪王国，每年光出口的奶酪就达40多万吨。

阿姆斯特丹城里的奶酪工坊很多，工坊布置得都很有情调。奶酪大都是由传统工艺制作而成，品种非常多，形状大多是圆饼形，味道鲜美。奶酪中最有名气、最受欢迎的是黄色奶酪，从外表来看，如同车轮般大小，外面覆盖着一层薄薄的蜡，奶酪的味道多种多样，可以依个人口味选择。

荷兰人每日饮食里必然有奶酪，奶酪已然成了荷兰的标志。荷兰人在拍照时都很喜欢说："Say Cheese!" Cheese就是"奶酪"的意思，可见奶酪的受欢迎程度。参观完奶酪工坊后可以购买一些奶酪带回去送亲友，不过购买前最好先尝一尝，因为很多卖得很好的奶酪也许并不符合你的胃口。

最绚烂的向日葵

人们常说荷兰有四宝，即风车、郁金香、木鞋和奶酪，然而在荷兰人的心中，最能代表荷兰的则是天才画家凡·高。

凡·高博物馆建立于1973年，这里收藏了凡·高黄金创作时期的200幅画作，近600幅素描，还有7个速写本，当然，还有凡·高写给弟弟提奥的数百封信件。

起初，凡·高的作品都是由提奥家属管理的，后来才有了将其放置在博物馆里的想法，因而成立了以凡·高为名的博物馆。参观凡·高博物馆也因此成为了解凡·高作品的极佳选择。据称，凡·高博物馆收藏了这位天才画家大约四分之一的油画，其中最知名的有《向日葵》和《群鸽》。当然还有些其他印象派画家的作品，如高更、莫奈等。

当你置身博物馆，近距离观看凡·高作品时，你仿佛可以看到一个青年正在蹙眉思考，正大胆使用那些鲜艳的、有些不合乎常理的色彩绘画，你可以感受到他的紧张、他的呼吸、他的心跳，可以从中领悟凡·高的真实情感，去体会他对事物的感受，从而更好地理解凡·高，进入一个凡·高独创的世界。

强烈的色彩会刺激你的视觉神经，触动你的心弦，那些充满力量却挣扎的笔触，一笔一笔，都会让你的心脏感受到如战场击鼓般的触动。

博物馆的礼物商店还售卖些与凡·高有关的小礼物，喜欢凡·高的可以买来留作纪念。

▶ 荷兰的画家在世界上享有盛名，凡·高是其中杰出的代表，图为其名画《向日葵》。

旅程随行帖

老教堂

阿姆斯特丹城里还有一些极具特色、有很高文化艺术价值的教堂。

老城区有阿姆斯特克林教堂，也被称为阁楼教堂。在这里可以看到壁柜上栩栩如生的、大多取材于《圣经》的油画。

王子运河边的西教堂是阿姆斯特丹最高的教堂。爬楼时要稍微注意点，弯着点腰以防碰头。当你爬到顶，就可以俯瞰整个城市，感受这座古老城市的宏伟壮阔。

日本，又是樱花烂漫时

　　暮春之初，淡淡的清香弥漫在日本诸岛上空，那是日出之国特有的香气。

　　樱花的生命如此短暂，一朵花蕾从开放到凋零，不过七日之期，整株樱树的花期也不过两周时间。每逢樱花飞舞，如潮的赏花者便涌到樱花树下感悟人生。

花见之期

春季，日本美得最为浓烈的时节，坐在东京上野公园遮天蔽日的樱花树下，眼前的一切都变得如梦似幻起来，3月的阳光下，枝头樱花如团云似初雪，层层叠叠的花朵渲染出无数种粉嫩。仔细打量，就会发现这如簇繁花由无数朵小花组成，它们努力绽放着最为灿烂的笑容去迎接春天，然后在最辉煌的瞬间告别生命。

日本人称赏樱为"花见"，树下赏樱饮酒被称为"花见酒"，香风吹拂，树上樱花纷纷飘落，被形象地命名为"花吹雪"。早在室町时期，武士阶层便开始举办"花见宴"；江户时代，赏樱习俗由上流社会传至民间。至19、20世纪之交，中国诗人、外交家和政治家黄遵宪出访日本之时，见识到了日本举国

▲ 樱花之美，在于其极致的绽放，亦在于其最热烈时的衰亡。游人在樱花树下漫步，抬头赏樱花，低头看落瓣，欣赏的不只是樱花本身的美，更是一种突然盛开又决绝凋零的果敢和壮烈。

上下如痴如醉的赏樱热潮，挥笔写下了"十日之游举国狂，岁岁欢虞朝复暮"的诗句。

短短的十几天花期中，白日赏樱，仍旧不能令喜爱樱花的日本人感到满足，夜晚时分，在树下驻足流连，观赏夜樱，别有一番风味。为了方便人们观赏夜樱，各个公园在夜间都会挂起灯笼，在灯光映照下，樱花洁白动人更胜日间，晚风拂过，樱花更如飞雪般纷纷扬扬洒落。

樱花前线

出于喜爱之情，樱花在日本已经成了春的象征，当南端的冲绳樱花开放，就宣告了春天的到来；当北端的北海道樱花落尽，就知已是晚春时节，初夏将至。

到了每年樱花开放的时节，日本气象部门便会以国民最喜爱的染井吉野樱为追踪对象，观测预报各地花开的日子，跟踪报道各地的花开景象。气象厅将樱花开放时期相同的地点，连接成一条条类似气压线的"樱花前线"。

一般情况下，"樱花前线"会按照从南向北、从沿海向内陆、从平原向山区的顺序依次推进。樱花的花期则大致分为蓓蕾、初开、五分开、七分开、满开、凋落和开闭7个阶段。几十年间，这些讯息已经成了每年花见时期日本人早

▶ 樱花作为日本的国花，其花朵艳丽让人心旷神怡。开到最繁盛之时，不禁有几分凄惨，几分悲壮，甚至让人感伤，催人泪下。

起最为关心的事情。

　　早些年，人们会在上班的路上，一边从报纸的头条上阅读"樱花前线"的讯息，一边在心中暗自勾勒假日前往公园赏樱的场景，心中的期盼让一天繁重的工作也变得不那么枯燥了。

　　如今，更多的年轻人习惯于"花见"之期在互联网上关注樱花开放的讯息，网站不仅会有实时更新的"樱花前线"消息，更有许多人会将当地樱花开放的照片分享至网上，让无法前往的人也能通过网络，领略樱花开放时的胜景。

　　时间充裕的赏樱爱好者们，追逐"樱花前线"的脚步，一月赏尽东瀛花。跟随这些"逐樱者"的视线，我们可以看尽整个日本列岛的风光。这个季节的日本，公园繁花簇拥，街道旁映衬，河道畔恬淡舒爽，寺院中清幽淡雅，山野上旷达浪漫。只有身在其中，才能够感受到那种抬头赏繁花、低头看落瓣的美妙景致，无怪乎人们会不顾旅程的辛劳，一直追逐着樱花开放的脚步。

　　在日本人眼中，樱花之美，在于盛放之时，那种极致的热烈和奔放，在于飘落时的孤高与决绝。单朵单株的樱花开放时虽平淡无奇，但当千百株樱花树簇拥聚集在一起竞相绽放、一齐凋零的时候，才能感受到那股壮烈之美，这也正是日本民族精神和民族性格的写照。

去上野欣赏一场樱花的盛放

　　上野公园是日本最著名的"花见"胜地之一，它是东京最大的公园，面积达52.5万平方米。江户时代，这里曾是德川家族的家庙以及一些诸侯的私

▲ 上野公园里赏樱的人群

▲开得正盛的樱花和远处的富士山形成了一道绝美的风景。

人宅邸。1837年，明治天皇下令将其改为公园，使之成为日本历史上第一座公园，因此它又被称为"上野恩赐公园"。

上野公园景色宜人，江户和明治时代的建筑散落在苍松翠柏之中，与湖光山色相映成趣，不过这里最吸引人的景色还是每年春天盛放的樱花。现在上野公园已有1300多株樱花，其中樱花名品"染井吉野"，就是由上野公园开始而广为人知的。

每逢"花见"之期，上野公园樱花大道云朵绯红的景色，早已在鲁迅先生笔下化作我们对日本樱花最为深刻的印象。漫步在灿烂的樱花树底下，好似进入了一个浪漫、梦幻的世界。眼前小的、大的，含苞待放、灿烂多姿、即将凋谢的樱花，都有各自独特的美态，让人忍不住发出惊叹。随风而动时，樱花树枝头乱窜，更是风情万种，花儿也好似在热情地和游客微笑致意。

现如今，上野赏樱已经成为日本人最为重要的春游项目之一，趁着花期，或是带家人同游，或是与恋人偕行，三五成群，两两相约，欢歌笑语。

许多赏樱的游客，不仅带着铺垫之物，在树下席地而坐，还会拿上便当，效法古人在树下来一场"花见宴"，真是惬意之极，也难怪许多爱樱花爱到痴迷的游客，会在天没亮的时候便来到公园，以占据"风水宝地"，得一日之悦目赏心。

▲ 上野公园一角

　　樱花花期短暂，赏樱时机更显宝贵，加之来这里看樱花的，不仅仅是日本人，还有慕名而来的八方游客，以至赏樱人的数量居然堪比春运旅客人数。然而，公园里只有少数路口有三两个警察和志愿者维持秩序，往来行人自觉自律，秩序井然，公园里绝不会遍地狼藉。

 旅程随行帖 ////////////////////////////////////

上野公园

　　上野公园的文化氛围非常浓厚：珍藏有84件日本国宝的东京国立博物馆，其四馆之一的表庆馆本身就是一处珍贵建筑；藏有罗丹、莫奈、毕加索、鲁本斯等大家名作的国立西洋美术馆；展示日本传统浮世绘和油画等杰作的东京都美术馆以及国立科学博物馆、东京文化会馆、上野之森美术馆等，使上野公园有"文化森林"之誉。

　　由于此地当年曾是德川幕府的家庙，因而1650年修建的供奉德川家康的东照宫以其建制的宏伟而成为上野公园最重要的古迹之一。这种宏伟的气派由列于东照宫参道两旁诸大名所敬的95座石灯笼和195座青铜灯笼就可见一斑，其中高6米、名为"鬼灯笼"的作品堪称一绝，而东照宫的唐门、本殿和择殿等，无一不是日本古典建筑的精品。

Jeju Island

这个春天，邂逅济州岛

北纬33°，温暖的太平洋季风拂过日本九州岛，穿过对马海峡，唤醒济州岛的春天。

北纬33°～36°之间，济州岛是韩国最早迎接春天的地方。当沁人的寒意在北方半岛上尚未消退之际，温暖湿润的海风就已经将沉睡中的她唤醒。转眼之间，这座静卧于浅蓝色波澜中的海岛，已是春到花开。

两小时飞行，三五天假期

"我背起行囊默默去远方，转过头身后的城市已是一片茫茫。"每当空气中又传来春天的气息，每当花苞在枝头萌发，每当风中有柳絮飘，逃离城市，逃离眼前这座钢筋混凝土丛林的冲动就格外强烈。

3、4月间的济州岛，粉色樱花娇艳欲滴，清香紫芒淡雅如素，金色油菜花连绵成海，宛若初恋爱人，千娇百媚，美得心碎。两小时飞行，三五天假期，逃离尘世的烦恼与喧嚣，将自己遗忘在济州岛的大好春光里，是短途旅行的绝佳选择之一。

▲韩国济州岛气候温暖，地质地貌特别，是韩国第一大岛，又称"蜜月之岛"。

▶西归浦市的思连伊林荫道。独自漫步于此，任思绪畅飞，放空自己，一定是一种不错的享受。

济州岛是韩国最大的岛屿，它的形成是120万年前一场火山爆发的馈赠，椭圆形的海岛中心，是那场火山爆发所形成的一座海拔1950米的高山——韩国最高峰汉拿山。得益于温暖的北太平洋暖流，济州岛的气候温和湿润，有"韩国夏威夷"之称，是东亚地区难得的海岛度假胜地。

面积1845.6平方千米的济州岛，相当于北京市的十分之一左右，这里共有两座小城——北部的济州市和南部的西归浦市。济州市热闹繁华，西归浦市自然风光更胜一筹，前者是济州岛妆容时尚的外表，后者则是它温婉贤淑的内里。外表与内里兼修，现代与古典交融，时尚的元素和传统的元素互为映衬，毫无违和。

"偶来"小路上的那场漫步

将自己全身心地融入眼前的天地，用每一寸肌肤感受风之呼吸、海之呼唤、草木之生长，之后才能自言"不虚此行"。而在济州岛，想要与自然亲近，自然不能错过"偶来"小路上的漫步。

　　"偶来"一词在当地语言中意为"家门前的小路"，韩国人听到这个词，往往会联想到农家门前那条爬满藤蔓和野花的蜿蜒小径。这样的小路不像徒步健行那样辛苦，而更像到邻居家串门般轻松自在。"偶来"小路上的漫步，实际上也正是济州岛之旅的绝佳诠释，这里也许没有惊心动魄的景色，但是邻家做客般的惬意，却更能令人身心愉悦。

　　济州岛有21段"偶来"小路，路程在5~20千米不等，拒文岳徒步路段、思连伊林荫道、汉拿山攀登之路段……路上的风景有和风春暖、麦田青葱，也有森林叶茂、芳草依依，更有溪谷清幽、静水流深，亦不乏怪石嶙峋、绝壁千尺。

　　其中思连伊林荫道不仅有一个与思念爱人相关的名字，同时它还是韩剧《秘密花园》中，男女主角走失后获得灵魂互换药酒这一重要场景的拍摄地。在这条林间路径上漫步，也成了一场浪漫之旅。

　　思连伊林荫道从汉拿山下的香榧树林开始，穿过黑岳，直至思连伊岳，全长15千米。道路两旁长满了郁郁葱葱的树木，路上整齐地铺着鹅卵石或是火山沙，

◀风车在蓝天的映衬下更加洁白，而大片的油菜花与风车一起在田野中相得益彰，各有风采。

人工修筑的痕迹被巧妙隐藏。阳光穿过层层枝丫投下斑驳光影，藤蔓如十指般缠绕着树干，枝头松果刚刚萌发，心中却已百转千回。

　　独身一人，漫步于思连伊林荫道，那些已经在记忆中渐渐淡去的青春往事，会重新变得清晰起来，与昔日的甜蜜、酸涩一并涌上心头。牵着恋人的手行走其间，嗅着微微泛着咸味的海风，心中亦会格外甜蜜。

花开成海，相思成灾

　　3、4月间的济州岛，不管选择哪条"偶来"小路作为徒步旅行路线，最无法忽视的便是漫山遍野的油菜花。每年2月下旬，从欧亚大陆吹来的寒风还没有完全消退，暖房里的植物还懒懒地鼓着花苞，等待着和煦的春风，而油菜花已经在田野间悄然回黄转绿。

　　3月之初，春风带来了太平洋上的温润空气，含苞待放的油菜花一夜之间便在田野里铺上了一地的金黄，济州岛被装扮成一片黄色的海洋。金黄色的油菜花与青绿的山峰、湛蓝的大海一起，将海岛装扮得如同一幅色泽鲜艳的油画。

　　每到这个季节，连绵成海的油菜花田就成了游人踏青摄影的最佳风景地，在油菜花田里，你会看到很多忘情自拍的情侣或者举家出游、老少同乐的温馨画面。为了能让游客们玩得尽兴，当地的农人们会把自家的油菜花田好好地修整装饰一番，摆放上垫脚登高的凳子供那些从各地而来的游客拍照合影，以收取少许的费用贴补家用。

▲沉浸在济州岛大片的油菜花里，满眼灿烂金黄，不失为一种享受。每年4月份是欣赏油菜花最好的时节，在汉拿山的衬托下，油菜花更显勃勃生机。

▲济州岛上石神像随处可见，它是济州岛的守护神，同时也是韩国最具代表性的象征物。

据说，欣赏油菜花的最佳路径，是西归浦市与汉拿山中间的滨海公路，这条路径全长12千米，缓步慢行，只需一个下午的时间。漫步其间，不仅可以看到含苞绽放的油菜花，还可以欣赏汉拿山的绝景和壮观的城山日出峰。

一边的风景壮阔荒寂，汹涌的波涛不停拍打着黝黑的火山岩石海岸，随后被撞得粉身碎骨。另一边的风景则生机勃发，油菜花恰如大自然的精灵，身躯看似娇弱但却生性骄傲，当它们娇小的身影连成一片之后，在辽阔的天地之间便绵延出了一片金黄色的花海。

由于济州岛油菜花田声名远播，岛上每年春季都会举行以油菜花为主题的"国际徒步大会"，当地旅游部门会为游客精心规划最佳的观赏油菜花的路线。徒步的路线包括龙头海岸、松岳山和"偶来"小路的第10路线等，这也许是世界上风景最美丽的徒步大会路线了。

3、4月之交，济州岛还会举办一年一度的"济州MBC国际和平马拉松"，如果你对自己的体力有充足的信心，尽可以挑战一下。奔跑于花田之中、日光之下，打开每一个毛孔，尽情感受眼前这大好春光。

乍见心欢，久处不厌

第一眼形成的印象，或多或少地决定了人们对一座城市、一座岛屿究竟是爱是厌。而风情万种的济州岛无疑具备令人一见钟情的魔力。由于是火山爆发

▲ 韩国济州岛城山日出峰的风光

形成的缘故，济州岛景色奇特而多变，如果用星座的性格来分析济州岛的话，那它无疑是活泼善变的双子座。

黑色火山岩壁，处处可见的熔岩洞穴，山间的大小瀑布，风吹草低的牧场，阳光下宛若银丝带般净白的沙滩，看似各不相干的景色却在这一方小岛上和谐共存。远处海浪拍打下的黑色岩壁展露着拒人于千里之外般的冷酷，脚下温柔的沙滩在夕阳之下却又那么亲切可爱。

外表动人是乍见之欢，内在涵养令人久处不厌，济州岛的气质决定了到这儿的游客只会更爱她，因为这里保留着韩国最淳朴的生活方式。

城邑民俗村位于汉拿山麓，居住于此的人们仍如同千百年前的先辈一样，过着安逸自足的日子。这里所有房屋都由火山岩石和泥巴建造而成，岛上民风淳厚，世代居住于此的人们从未有过窃贼盗匪之忧，所以这里的房屋根本不需要建造门户，只有院落前的木桩象征着所谓的门户。

渔民在古代属于高危行业，所以历史上济州岛长期女多男少，为了平衡阴阳，石神像随处可见。相传抚摸石神像能给自己带来好运，外来游客也纷纷效仿，抚摸石神像或为家人祈福，或祝祷与恋人天长地久。

位于济州岛东部的牛岛是另外一处不可错过的安逸静谧之所，它是济州岛最大的附属岛屿之一，因形如卧牛而得名。现在牛岛上住有700多户人家，岛上居民生活简单淳朴，春风吹拂下大片农田绿意盎然，黝黑的石头房舍点缀其间，田地中随处可见悠闲农作的岛民，这些元素共同勾勒出一幅悠然自得的生活画卷。

韩国影星裴勇俊曾在他的一本书中，细致地描述过牛岛的清晨："清早，我一人上路，遇到这样的风景。寂静，却给人以希望。牛岛的早晨，马尔代夫的任何地方都无法与之媲美。"漫步于这样一方小小的天地间，目之所及是亘古未变的传承，而内心更是回到了最初的纯净状态。

泰迪熊博物馆，再会童真

在济州岛返璞归真的景色中，久居都市的我们渐渐卸下伪装，回归了简单纯真的状态，此时埋藏在心底的童心也被悄然唤醒，岛上著名的泰迪熊博物馆无疑是一处能够让我们尽情享受童真童趣之所在。

泰迪熊博物馆位于济州岛中文旅游区，面积达13530平方米，博物馆里总共陈列了多达1200只泰迪熊玩偶。

位于一楼的历史馆，可爱的泰迪熊们重现了20世纪人类历史上的11件具有时代意义的重大事件，例如福特汽车出现、"泰坦尼克"号沉没、诺曼底登陆、"阿波罗"号登月等。这些激动人心的时刻，经憨态可掬的熊宝宝们再度演绎，让历史不再是冰冷的叙述，而成了一个个触手可及的定格画面。

艺术馆位于二楼，沿着楼梯拾级而上，一进入艺术馆正门，化身罗丹著名雕塑"思考者"的泰迪熊便映入眼帘；行走几步，泰迪熊又再度化身蒙娜丽莎，泛起了迷人的微笑；转眼间，泰迪熊又成了白发蓬松、态度严肃认真的爱因斯坦；不经意间，你又会发现"最后的晚餐"中的人物形象是如此似曾相识，仔细一看才发现他们都是泰迪熊们扮演的。

除了这些扮演名人的泰迪熊们，艺术馆里还有穿着各类服饰的熊宝宝，他们有的身着中式的长袍马褂、大红旗袍，有的身穿韩式礼服或欧洲宫廷礼服。馆内还有一只身着LV摩登时装的泰迪熊，它曾在摩纳哥的拍卖会上创下了18.5万美金的纪录，堪称世界上最贵的泰迪熊。

▲济州岛上的泰迪熊博物馆，在这里可以看到世界各地生产的不同形态的泰迪熊。

　　博物馆二楼的尽头是企划展厅，这里不仅有各种各样后现代艺术的设计，还有以生活废弃物为原料制作的、体现着环保精神的泰迪熊，其中最有创意的当属用爆米花制作的泰迪熊，可爱又美味。

　　博物馆内还分别藏有世界上最小的与最大的泰迪熊，其中最小的泰迪熊只有4.5毫米，参观时必须要使用放大镜才能看得清楚；而最大的则高达9米，足有三层楼那么高，这一大一小的对比，令人惊叹不已。

 旅程随行帖 ////////////////////////////////

此时遇见最美济州岛

　　泰迪熊博物馆开放时间：9:00 ～ 19:00（7月16日～8月25日开放至22:00）。

　　济州岛最佳旅游时间：春秋季。济州岛年平均气温在16℃左右，春天时樱花、油菜花、杜鹃花纷纷绽放，而且这个时候，济州岛还会同时举行樱花节与油菜花节，此时来济州岛的游人最多。

▲ 在日落时分的斐济海滩，一边观看日落，一边品着美酒谈天说笑，这样的慢时光，再多也不为过。

慵懒斐济，从春天开始让时光慢下来

如果只有汹涌的海水，辽阔就成了单调，是珍珠般的岛屿装点了它的美丽。

"慢"的主旋律

"鲸鱼说，天空，是浸蓝了的水草。"因为张小娴《流浪的面包树》这本书的缘故，许多人先知道了斐济这个名字，然后才知道了斐济这个地方。那个浑身带着阳光印记，歌声宛如天籁的女歌手葛米儿，就来自这个遥远陌生的岛国。书中的斐济，"每逢月满的晚上，螃蟹会爬到岸上，比目鱼也会游到浅水的地方，天与海遥遥呼应"。

现实中的斐济完全配得上这样的赞美，这里景色迷人自不必多言，蓝天、白云，阳光、沙滩，小岛、椰林，满足你对一个风光秀丽的岛国的所有幻想；当地风土和善，百姓纯朴，丝毫没有被现代文明的颓废和世俗沾染，绝无愧于"人间最后一片天堂"的美誉。

斐济的迷人之处，绝不仅仅在于那片全世界最为纯净的大海，也不仅仅在于无数五彩斑斓的珊瑚环礁，更不仅仅在于一座座椰林摇曳的翠绿色岛屿，还在于当地居民那泛着南太平洋灿烂阳光般的笑容。

在斐济，生活是按照散步的速度进行的，时间则是用来"浪费"的。"It's Fiji time！"面对那些习惯了被现代生活所驱赶的远方客人，斐济人总把这句话挂在嘴边，时时刻刻提醒着远道而来的游人，"慢"才是这里的主旋律。

现代人来到这里，就像生活在玻璃鱼缸里的鱼初入大海一般，刚开始似乎还有些不适应，但是用不了多久，就会不自觉地被斐济的慵懒所感染，放下一身的心浮气躁，在这片海天之间，让身心得到最彻底的解放。

五彩缤纷的大海

斐济的大海，从远处看与其他地方的海并无二致，都是一片浓郁得化不开的蔚蓝，但是近距离观察你就会发现，斐济的海其实是五彩斑斓的。海里不仅有各色各样的海沙、石子以及珊瑚礁，在阳光照耀下折射出缤纷的色彩，无数奇形怪状、形色各异的鱼儿，也将大海搅得五颜六色。

在斐济的大海里游泳，你会误以为自己掉进了水族馆里，身边除

▶这里有着五彩斑斓的珊瑚环礁，各种各样的鱼儿游荡其中。

▲穿上潜水服，戴上潜水镜，一头扎入五彩的大海中，与鱼儿来一场亲密接触，才能算真正地到过斐济。

▶远看这里的大海像别处一样也是深蓝色的，但是近看才发现，这里的大海竟是色彩斑斓的，多彩的珊瑚、各类的鱼群，让这里的大海欢腾而灵动。

了不停地有各种鱼穿过，还有"丑萌"的小海马、漂亮的十字海星以及虎皮斑纹贝。在这片生趣盎然的海水中游泳嬉戏，往日劳累的身心均得到了自然的治愈，烦恼与不快统统丢进了太平洋，冲得无影无踪。

面对这片清澈透底的海水，只是游泳的话，怎么对得起上帝的恩赐呢？戴上潜水镜，一起潜入海底，与海中的鱼儿们来一次近距离接触，才不辜负这场旅行。由于斐济执行严格的海洋生物保育政策，此处的鱼儿们对人类毫无防备之心。色彩斑斓的热带鱼，宝蓝光亮、黄黑艳彩、翠绿剔透，它们不停地环游在身边，啄食人们手中的饵食，人鱼之间竟是毫无隔阂。

潜水时也别忘记带上防水相机，在水下与萌态百出的鱼儿们自拍合影，定格眼下的欢乐时光，当你返回文明世界，重新投入到无尽的忙碌之中时，偷得片刻空闲，回想起今日的惬意，也能给疲惫的心带来无尽的安慰。

梦回洪荒时代

在饱受文明世界"折磨"的人们心目中，清幽的环境、原始的风俗，正是斐济最大的魅力之一。斐济人至今仍然保留着古老的"走火"、喝"卡瓦"以及呼唤海龟的习俗。

无论是斐济人聚居的村镇，还是供外来游客居住的度假村，惊心动魄的"走火"表演随处可见。有着一头卷发以及深棕色皮肤的斐济人，犹如太阳与大海共同的子嗣，他们身着海草编织成的传统服饰，赤脚走过用火灼热的石头。

这样精彩的表演，与千百年前他们的祖先在神秘的巫术仪式上所做的没有任何区别。据称，包括夏威夷群岛在内的南太平洋许多岛屿，都沿袭着古老的"走火"文化，其源头便在斐济。我们可以想象，早在蒙昧时期，太平洋上各个岛屿间，便通过最原始的独木舟建立起了紧密的联系。

有"走火"仪式，自然就少不了斐济人最爱的"卡瓦"，这是一种由胡椒树根酿制而成的传统酒水，来到斐济的游客也经常抱着尝鲜的目的品尝这种饮料，但是能够享受其美味的却并不多。"卡瓦"之于斐济人，不仅是一种饮料，更是极其重要的社交媒介。几个人围坐在硬木雕刻的硕大器皿——"塔弄瓦"周围，一边传递装满"卡瓦"的"塔弄瓦"，一边分享各自的故事与经历。

每当酒喝到尽兴之时，故事讲到叹惋之际，能歌善舞的斐济人便会跳起代代传承的古老舞蹈。女人们一边唱歌，一边跳起多姿的竹扇舞，男人们齐声呼喝，跳起壮观的狩猎舞，阵阵鼓乐声和呼喊声，让人们恍然以为在这座大洋中的小岛上穿越回了古老年代。

▲ 能歌善舞的斐济人，穿着海草编成的传统服饰，在自由舞蹈。

今日之开端，昨日之终焉

在斐济这个慵懒随性的国度里，阳光、海滩、椰林，这些最美的景色都是最寻常不过的事物。行走于绿意森森的花园里，海风清冽，花香扑鼻，所到之处，皆是银白色的长长沙滩、色彩斑斓的珊瑚礁以及蔚蓝仿似琉璃的大海。所谓酒不醉人人自醉，说的恐怕就是这样的景色了吧。

在这里，你有多种休闲娱乐的方式可以选择——游泳、潜水、冲浪；也可以乘一叶扁舟，在南太平洋波光粼粼的海面垂钓；还可以背上背包，远足去大岛的内陆，拜访当地人的村庄城镇。其中与斐济慵懒的时光最为和谐的，则是静静躺在海滩的吊床上，尽情享受日光的抚慰，静心聆听日夜不息的太平洋潮水拍打海岸的美妙声乐。

将自己完全融入这个世界的角落，你会忍不住思考一个问题：这里的生活为何从过去直到现在，一直过得如此闲散，时间仿佛停滞了一般。从斐济群岛贯穿而过的国际日期变更线，也许可以解释你的疑问。

▲ 惊心动魄的"走火"表演

180° 经线，它将地球上的时间划分为两天，今天的昨天向东，昨天的明天向西，过去与现在在这里变得难以区分，时间的概念也变得愈加模糊不清，这里既是今天的开端，又是昨日的终焉。

国际日期变更线贯穿斐济北部的塔韦乌尼岛，如果你想做全世界第一个看到当天日出的人，可以选择在东方刚刚泛白的时候起床，面向太阳升起的地方，眺望远处海天相接的地方。天空的颜色渐渐由深灰变成浅红，用不了多久，一轮红日便从太平洋中冉冉升起。傍晚时刻，向东跨越那道并不存在的线，目送金乌西沉，你又成了最后一个看到这一天夕阳的人。

 旅程随行帖 \\\\\\\\\\\\\\\\\\\\\\\\\\\\

蜜月旅行的目的地

因为景色宜人，斐济不仅是世界著名的度假胜地，也一直是世界名人举办婚礼、蜜月旅行的热门地区，比尔·盖茨、"小甜甜"布兰妮、奥斯卡影后妮可·基德曼均将斐济选择为蜜月旅行的目的地。

▲ 马尔代夫的水质清澈，发出幽幽的蓝光，使人无限沉浸。

Maldives \\\\\\\\\\\\\

马尔代夫，无尽的春光，无尽的梦幻

麦兜说，那是一片蓝天白云、椰林树影、水清沙幼的世外桃源；世人则形容它，是天使撒落在人间的一串珍珠项链，更有人视其为人世间最后的天堂。

马尔代夫，一生之约

马尔代夫，由数不清的珊瑚岛屿组成，印度洋上名副其实的千岛之国，哪怕只是惊鸿一瞥，她都会令你难以忘记。

当你乘坐的飞机冲出云层，从空中俯瞰马尔代夫，无际的海面上星罗棋布地点缀着一个个如花环般的小岛。小岛中央是绿色，四周是白色，近岛的

▲ 在海边喝一杯马尔代夫特有的鸡尾酒，吹着海风，观赏海景和落日，这种惬意一定会让你铭记在心。

 旅程随行帖 //////////////////////////

旅游最佳时节

马尔代夫位于赤道线上，属热带海洋性气候，四季温暖，湿度较大，昼夜温差不大，基本上全年适合观光旅游。每年的 10 月到次年 4 月是旱季；5 月到 9 月是雨季，比较闷热，常有阵雨。从 10 月底一直到圣诞节是马尔代夫的旅游旺季，这时游人如织，客房紧张，若不想出游不便，可以选择避开圣诞节高峰。

在马累旅游，有些地方是不能够拍照的，例如海岸警卫队所在地，所以在拍照前，一定要先问清楚。

▲天堂岛是马尔代夫最著名的岛屿。

▲五颜六色的珊瑚以及来去自如的鱼

海水则是浅蓝色、水蓝和深邃的蓝逐层递增，而Maldives这个词也正是由梵文Malodheep演变而来，它的本意便是"花环"。

据说，半个世纪后，马尔代夫可能会随着全球气候变暖而逐渐消失，汹涌的海水漫过美得让人心碎的小岛，漫过树影斑驳的椰林，漫过乳白色的沙滩，漫过那些见证过无数欢歌笑语、柔情衷肠的水房木屋，天地间最后只剩下无边无际的大海。所以，人生一定要去一次马尔代夫。

如果有一天，你累了倦了，想找一方宁静的地方，挣脱世俗的纷扰，卸下护甲，让心灵回归自然，那么马尔代夫应该是一个不错的选择。那里没有电话，没有闹钟；没有拥挤的地铁，没有汽车尾气；没有看不清远处的雾霾，没有做不完的工作。

在这里，你可以在海中潜泳，与鱼儿一同嬉戏；可以躺在树下，和鸟儿一同乘凉；更可以一个人，发发呆，散散步，想想远去的青春、远去的故事；仰望美丽得令人窒息的蓝天，躺在亘古不变的大海的怀抱。这样的画面单是想一想，就会让人神往不已。

上帝的遗珠——天堂岛

如果将马尔代夫比作一串熠熠生辉的珍珠项链，那么天堂岛无疑是这串项链上的第一颗珍珠，是忘却滚滚红尘无限烦恼的旅途的第一站。

初春时节，北半球乍暖还寒时候，北回归线以南的天堂岛，亘古不变的阳

▶ 对于潜水爱好者来说，在潜水过程中遇到魔鬼鱼应该算得上是幸运的事情。

光依然明媚澄净。在这里最幸福的事，莫过于清晨在面朝大海的床上醒来，看到窗外无边的海天一色，如同画框里可以流动的画卷，而此时海水的颜色在初升的红日照耀下，变得色彩斑斓起来，蓦然间一切言语和文字都失去了作用。

餐饱之后走到海滩旁，沙是白的，浪花是白的，贝壳是白的，美得如梦似幻。独自一人站在从海岸边一直延伸到海里的栈桥上，似乎真的能够看到一条通往天堂的道路，恍惚间，不禁开始猜测，桥的另一端会有什么在等待着我们呢？是童话故事里的人鱼公主，是骑着白海豚的海王子，还是亚特兰蒂斯消失的神秘国度？

漫步走到桥的尽头，径直走进无边的大海中，这里的海水浮力奇大，不会游泳的人，只要平躺在海面上，手脚伸直，也能享受海中的乐趣。在早晨阳光的照射下，海底世界美得让人无法形容。运气好的话，还能见到小鲨鱼和魔鬼鱼。

在海中玩累了之后，可以静静地躺在海边椰影下的吊床上，一个人静静地看着大海无限宽阔的剪影，心也变得宽广起来。海浪拍打岸边的声音，仿佛是海中的精灵，为我们低声吟唱远古的颂歌。

夜里的生活更是惬意，喜欢热闹的人可以去酒吧里听听音乐，与不知来自何方的陌生人，在这天之涯海之角举杯浅酌。喜欢安静的人，可以在栈桥上借着月光观看鱼儿，也可以躺在沙滩上仰望星空，那夜空中漂浮的星河，仿佛触手可及。

与魔鬼鱼捉迷藏

我们有理由相信，人们对鱼儿的喜爱，源自对自由的向往，这群水的生

▶ 马尔代夫的黄昏美景

灵，总显得那么自由与惬意。然而
缸中的游鱼，终究被困在方寸之间，尽管有嬉
戏追逐之乐，却被那一层看不见的玻璃所囚禁，这与现代社
会中同样被看不见的网所囚困的人类是何其相似。

　　一条鱼，想要寻找真正的自由，唯有回归大海；一个人，想要真正的自
由，唯有相忘于江湖。而潜游于马尔代夫清澈的海水中，人和鱼都是自由的。
在潜游过程中，最幸运的事情，当属遇见马尔代夫的魔鬼鱼，每年春季3、4
月间，魔鬼鱼会聚集于马尔代夫的马累，形成壮观的魔鬼鱼奇观。魔鬼鱼是魟
鱼、鳐鱼和蝠鲼的合称，因为它们都长得宽宽扁扁的，被当地人统称为"魔
鬼鱼"。

　　魔鬼鱼中的蝠鲼，喜欢在大海中畅游，过着流浪似的生活，这种性格安静
沉稳的生灵，没有任何攻击性，在遇到潜水者时，它们一般都会羞涩地离开。
但是，也有不少好奇心强的蝠鲼，会被潜水者的氧气面罩里呼出的气泡所吸
引，围绕在人类身边游弋。

　　在微风细浪的水面下，人和鱼结伴同行，分享自由。如果你获得了魔鬼鱼

的充分信任，便可以伸出手，轻轻抚摸它们的身躯。这群鱼儿，之所以允许你与它们近距离地亲密接触，是因为它们将你当成是自己的朋友。对于外来游客来说，这群鱼儿才是大海真正的主人，我们只是在此造访的客人。

遇见一架彩虹桥的壮丽

3月小雨润如酥，这是我们熟悉的春季，马尔代夫却没有春夏秋冬，雨季和旱季的区分也不明显，雨季亦有晴空万里，旱季时常有雨水毫无征兆地洒下，这都是因为马尔代夫靠近赤道多雨带的缘故。

平日里，马尔代夫的海是蓝的，金色的阳光下，近处的海呈浅蓝色，远处的海则是湛蓝色；天阴时分是灰蓝色、灰绿色。平日里，马尔代夫的天也是蓝的，每当风雨来临，前一刻还是蓝色的天空，转眼间便换上了灰色的妆容，深灰的云、浅灰的天，互相交织，形成一个巨大旋涡，好像古代神话中天神下凡时的壮丽景象。

不过，马尔代夫的雨，来得快去得也快，豆大的雨点从天空坠落，噼里啪啦像放鞭炮似的，灰色的天空，墨色的海洋，共同构成了一幅奇炫诡谲的山水画。用不多久，云开雾散，太阳再度从云朵中探出头来，被雨水洗过的天空如同蓝色的丝绒，比之前更蓝且充满层次感。

在这样一个雨后初晴的傍晚，于日落之际出海巡航，坐在游船最高层，遥望壮观的沧海落日，余晖洒在脸上，岸边的草房水屋也被镀上一层璀璨的金色。斟上一杯香槟佳酿，把酒言欢，人生之乐，莫过于此。

突然间，你发现一条格外壮丽的彩虹升起于海天之间，游船在西沉的太阳下，追逐着彩虹的方向航行。这一刻，你才突然理解，为什么无数神话传说中，都将彩虹视作人间与天堂之间的桥梁。

▶在沙滩上尽情蹦跳，天空、彩虹似乎都触手可及。

▲ 马尔代夫是潜水爱好者的胜地，来到这里的人都要好好享受一下潜水的乐趣。

巴黎，一场流动的盛宴

徜徉在巴黎的春天里，你会开始想象人间的乌托邦。

塞纳河水中有全部的巴黎

"你需要有一支生花的妙笔，才能描写出巴黎的春光，因为有太多的诗人吟咏过这座他们钟爱的城市。"正如女爵士歌手莎拉·沃恩在《巴黎春晓》中唱的那样，4月的巴黎，是一种无法叙述的感觉。

由于经历了太多的世事变迁，见证了太多的人世沧桑，拥有着太多的悲欢喜乐，以至于我们很难说清究竟哪座建筑、哪处名胜最能代表巴黎。是举世瞩目的卢浮宫，是巍峨庄严的凯旋门，还是高耸入云的埃菲尔铁塔？似乎它们都能代表巴黎，但是它们又都不能诠释出巴黎的全貌。

苦苦追寻之余，你将目光投向了脚下静静流淌的塞纳河水，这才恍然大悟，它才是巴黎真正的代表。发源于塔塞洛山的塞纳河，自东南向西北奔流400千米之后，在巴黎盆地转了一个不大不小的弯，而巴黎市就孕育在它的臂弯之中。它见过法兰克王朝的兴盛衰亡，它见过巴黎圣母院刚刚落成时崭新的样子，它见过大革命的血与火。一代枭雄拿破仑临终前最大的愿望，便是能够长眠于塞纳河畔。

漫步河畔，梧桐树下光影交错，巴黎的历史也在此交织。

连接塞纳河两岸的36座桥静静卧在河道上，其中最古老的桥名为"新桥"，它建于波旁王朝的缔造者亨利四世时期，这座已有400多年历史的"新桥"，如今已经成为不折不扣的老桥。其中最为壮观、最金碧辉煌的是亚历山大三世桥，它建于1900年，为纪念法国与俄国结盟，因而以俄国沙皇亚历山大三世之名命名。"王桥"则修建于"太阳王"路易十四时代，它由太阳王亲自出资修建，因此叫"王桥"。

走在一座座古老的石桥上，俯瞰流水逝去，想到无数我们耳熟能详的名人也曾

▲ 建于1900年的亚历山大三世桥。走在这座古桥上，看着塞纳河水不停涌动，是历史的交织，更是时空的感怀。

▶ 脚下静静流淌着的塞纳河，似乎才是巴黎最形象的代表。

在这桥上走过，时间与空间似乎产生了一种奇妙的重叠。

"石头的交响乐"圣母教堂

　　沿着并不宽阔的塞纳河独自行走，远远望去，在西堤岛上有一座宏伟的教堂，蓝色玻璃般纯净的天空中，慵懒的云朵在空中缓缓飘过，教堂那高耸的塔尖仿佛能够触碰到云端。塞纳河水清澈澄明，仿佛少女的眼眸，蓝天、白云、教堂在波心投下倒影，美得好像一幅印象派油画。

　　这座建筑与你未曾谋面，但却是如此熟悉，你站在梧桐树下，仔细搜罗自己的记忆，突然间你意识到，眼前这座高耸入云的建筑便是雨果笔下的巴黎圣

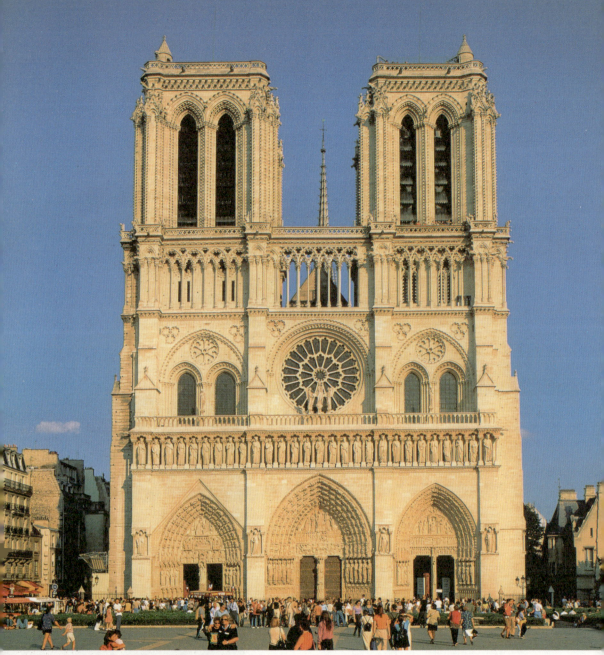

▲ 被火烧之前的巴黎圣母院

母院。恍然大悟的你，沿着河畔的石板路快步前行，转弯走上通往教堂所在河
心岛的石桥。

　　石桥的尽头便是巴黎圣母院前的广场，沿着斑驳的树荫一路前行，躲过
明媚得有些刺眼的阳光，气势威严的圣母大教堂越来越近。这座典型哥特式教
堂的正立面分为上、中、下三部分，上部是庄严的南北钟塔，中央巨大的圆窗

如同盛放的玫瑰，下部三座巨大的拱门，门四周刻满精美的雕像。亲眼所见之后，你终于理解为什么雨果称这座建筑为"石头的交响乐"了。

教堂正立面之后，直刺苍穹的尖塔上，你仿佛听到了卡西莫多悲苦的声音在回响。他对爱斯梅拉达说："我们那边有一些很高的钟楼，一个人如果从那儿掉下去，还不到地面就会跌死；如果你愿意我从那儿掉下去，你甚至不须讲一个字，只要一眨眼就够了。"

穿过巨大的拱门，进入教堂内部，一排排木质座椅泛着时间摩挲过的光泽，墙壁上的壁画、雕塑在琉璃灯盏的照耀下发出圣洁的光彩，高高的拱顶庄严肃穆。每逢礼拜日，廊柱间便会回荡起虔诚的祝祷的呢喃和圣洁空灵的歌声。

教堂的祭坛上，耶稣圣像见证了无数的岁月：圣路易国王曾在此进献荆棘花冠，百年战争期间英王亨利四世在此加冕，圣女贞德的平反仪式在此举行，"太阳王"路易十四重修祭坛以荣耀圣母，拿破仑在此加冕称帝。

▲ 落日余晖下曾经的巴黎圣母院

2019年4月巴黎圣母院主体建筑发生严重火灾，图中的箭形塔尖已坍塌。希望这座哥特式建筑的旷世杰作，在以后的重建工作中得以再现辉煌。

优雅璀璨的卢浮宫

积淀了太多历史的巴黎，是一座太容易让人痴醉的城市，千百年的历史，无数的动人故事，在此沉淀发酵，散发出陈年葡萄酒般的芳香。如果把巴黎比作一座古老的酒庄的话，那么卢浮宫无疑是其中最浓郁的一桶佳酿。

塞纳河右岸，巴黎歌剧广场以南，那片开口向西的U形建筑群，便是卢浮宫的所在。这里居住过50位法国国王和王后，大革命后成为博物馆，这里收藏着闻名于世的丰富的古典绘画和雕刻，庭院里矗立着的那座巨型玻璃金字塔，在阳光下熠熠生辉，赋予这座古老建筑以新的生机。

断臂的维纳斯、无头的胜利女神、谁也不曾参透的蒙娜丽莎的微笑，为这座古老建筑遮上了一层更为神秘的面纱。步入卢浮宫，你一定做好了准备，打算细细品味每

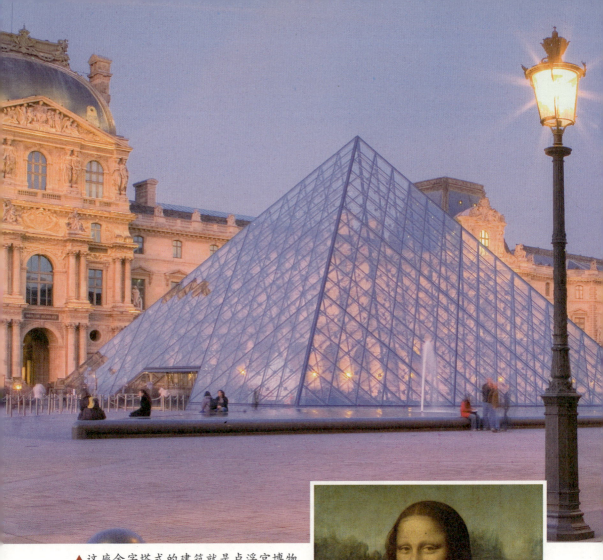

▲ 这座金字塔式的建筑就是卢浮宫博物馆，是无数艺术珍品的贮藏地。而卢浮宫本身也是一个建筑艺术品的瑰宝。

▲ 达·芬奇的名画《蒙娜丽莎》

一件雕塑的巧夺天工之处，聆听每一幅画作背后的感人故事。

但是当你听说，卢浮宫总藏品多达40余万件，即使在每件藏品前只停留1分钟，那也要耗费八九个月的时间。只得舍弃万千珍品，一边感慨自己未能免俗，一边直奔《蒙娜丽莎》而去。

站在《蒙娜丽莎》的防弹玻璃画

框前，第一眼望去你可能会有些失望，因为它看起来似乎要比我们想象的小得多。但是当你静下心来仔细观察，就会发现《蒙娜丽莎》的魅力所在，随着视角的不同、光影的变化，蒙娜丽莎的笑容也在变化，你会时而觉得她笑得舒畅温柔，时而又显得严肃，时而像是略带哀伤。

蒙娜丽莎的神秘之处不仅在于她的微笑，还在于画中人的真实身份，普遍观点认为蒙娜丽莎是佛罗伦萨一个商人的妻子，而德国一位历史学家通过17年的潜心研究得出结论，蒙娜丽莎的真实身份可能是达·芬奇的秘密情人——米兰公爵夫人伊莎贝拉。

尽管这一结论并未得到广泛认可，但是很多人还是愿意相信这是真的，大概是人们觉得画家只有面对爱人，才能描摹得如此细致传神。莎士比亚写下十四行诗歌，只为假装自然而然地提到一个女人的名字，而达·芬奇又是倾注

▶《米洛斯的维纳斯》

了多少情感与才华，才用画笔将她的微笑化作了永恒。

如果说每一幅画作背后都连接着一个动人的故事，每一尊雕塑都记录了一段历史，那么卢浮宫中又凝结着多少悲欢喜乐、世事无常；春日的巴黎，又有多少爱情正在萌发、开放、凋零。

见证历史的凯旋之门

1805年，法兰西第一帝国军队在奥斯特里茨附近大败俄奥联军，第二年拿破仑下令修建"一座伟大的建筑"，以纪念这次胜利，迎接日后凯旋的法军将士。这座建筑便是日后的凯旋门，1815年，拿破仑兵败滑铁卢之际，这座代表着拿破仑军队战无不胜和坚不可摧的建筑依旧未能完工。

其后15年间，在复辟的波旁王朝统治下，凯旋门的修建工程中断，直到1830年波旁王朝倒台，才又重新恢复建造。1836年7月30日，凯旋门正式落成，此时拿破仑已经去世15年，他的灵柩还躺在万里之外的大西洋孤岛上。

凯旋门两面门墩的墙面上，雕刻有4组巨型浮雕作品，用以纪念轰轰烈烈的法国大革命和拿破仑战争，它们分别被命名为："出征""胜利""和平"和"抵抗"。凯旋门门楣上刻有由拿破仑指挥的所有大型战役的名字，凯旋门内部刻有558位拿破仑帝国时代英雄的名字，而有些下面画线的名字代表他们是在战争中阵亡的。

▲夜幕下的凯旋门

　　1852年，拿破仑之侄路易-拿破仑·波拿巴登基称帝，是为拿破仑三世，法兰西第二帝国宣告成立。第二帝国最为兴盛的年代，拿破仑三世下令对巴黎进行大幅度改造，巴黎市区在此期间修建的12条大街，自凯旋门为始，辐射八方，气势磅礴，凯旋门由此成为巴黎中心。

　　第一次世界大战结束后，法国政府又于1920年11月在凯旋门下修建了一座无名烈士墓，里面埋葬着一位在大战中战死的无名战士，他是战争中牺牲的150万名法国军人的代表，这又为凯旋门增添了一种悲壮的豪情，直到现在仍然几乎每天都有人来无名烈士墓进献鲜花。

　　沿着273级的螺旋形石梯拾级而上，可以直达凯旋门顶部，这里有一座小型的历史博物馆，游人们可以上到博物馆顶部的平台，从这里可以一览巴黎的壮美景色。繁华的香榭丽舍大道、飒爽英姿的埃菲尔铁塔以及塞纳河畔高大的巴黎圣母院，一览无余。

莫奈花园

我们有理由相信，如果没有那么多作家、哲人、艺术家曾经在巴黎生活、恋爱、写作、绘画，那么这座城市的魅力至少会损失一半。在巴黎的城郊，别致静谧的莫奈花园是一处十分值得一游的去处，尽管与巴黎那些历史悠久的建筑相比，它显得有些不值一提，但是它却是巴黎的艺术家们生活的一个缩影。

莫奈花园位于法国巴黎以西70千米的吉维尼小镇上，是法国著名画家莫奈的故居。1883年4月，一个阳光正好的春日，画家莫奈乘火车经过小镇的时候，被那里的宁静氛围深深吸引，于是决定在此定居。

很快，莫奈就在吉维尼小镇上买下了一处房产，此后的43年里，他一直居住于此，直至1926年与世长辞。由于莫奈酷爱花草，因此搬至此地之后，开始在园中种植花草。作为一名画家，莫奈对花园的规划独具匠心，他种花不是按照花的品种分种在不同地方，而是将各种花，从最普通的到最稀有的混在一起种植。因各品种花的花期不同，这样，从4月到10月，每月都有花开花谢。

在自己的花园里，莫奈将他早年绘画最重要的两点元素融合在了一起，园中的睡莲池使天光水影构成了他心目中最理想的"印象"。1914年，莫奈在自己的庭院中建成了长23米、宽20米、高5米的大画室，并在那里完成了以花园中的睡莲为原型的巨幅画作《睡莲》系列。

隐居于此的岁月里，莫奈的影响力与日俱增，最终成为印象派之父。继莫奈之后，自1887年至20世纪初，前后有100多位画家搬至此地，使吉维尼成为一个名副其实的画家村。

▲ 莫奈的名画《睡莲》系列之一

左岸咖啡的文化与优雅

▼花神咖啡馆

海明威、杜拉斯、徐志摩等名人都曾来过这里。

巴黎人习惯称塞纳河以北为右岸，以南则是左岸。右岸宫殿林立，历来都是王家禁地；南岸则是巴黎的大学区，学术氛围浓厚。自17世纪启蒙运动兴起之后，古老的巴黎到处弥漫着一股新兴的气息，一种抛弃浮华宫廷生活，专注于精神修养与自我完善的思潮席卷整个巴黎。

当时在欧洲刚刚开始流行没多久的咖啡馆，逐渐成了新思潮倡导者们聚集的地方，咖啡馆文化由此发端。也许是为了和宫殿林立、奢靡无度的右岸贵族世界划清界限，新兴的咖啡馆们全部集中在学术气息浓重的左岸地区。

左岸的咖啡馆里，往往都有一位温文尔雅的店主，他鬓角斑白但却精神矍铄，戴着老式的花镜，站在吧台后一边核对账目，一边向进来的熟客们问好；有年轻帅气的侍者，他修长的手指托着镂花的银盘，优雅地穿梭在座位间；当然，更会有来来去去的过客。

那位戴着银灰色假发的绅士名叫伏尔泰，他今天已经喝掉了42杯咖啡，同时也列出了法国森严的社会等级的21条不合理之处；角落里那个略显疲惫的年轻人叫雪莱，他是一个英国人，因追逐爱情来到巴黎，现在他累了，正坐在咖啡馆里歇脚；斜对面的那对情侣，男人叫萨特，女人叫波伏娃，他们正在酝酿着存在主义哲学，也在酝酿着爱情；窗边还有一个美国人，他正在写自己的第一部长篇小说《太阳照常升起》，他的名字叫海明威。

塞纳河左岸的咖啡馆里，只有亲身坐在这思潮交错的时空里，你才能理解为什么世人爱巴黎爱得发狂。

时尚与艺术的狂欢

如果说伦敦是一位沉稳守旧的绅士，那巴黎无疑是一位多情善变的女郎：她出身高贵，她仪态万方，她气质优雅，她随时走在时尚的最前沿。在巴黎，

有两个词最触动女人的兴奋点，一个是浪漫（Romantique），一个是减价（Ensolde），而比起前者来，后者似乎更有让女人失去理智的魔力。

蒙田大道是全世界时尚女性的"朝圣地"，香奈儿全球旗舰店占据着整个街角；路易威登的巨大箱式外墙如同王冠上的宝石一般，镶嵌在古老的石墙中；迪奥坐落于蒙田大道与弗朗索瓦一世街的交会处，据说正是半个多世纪前这家店铺的入驻，使得整条蒙田大街声名远播。

旺多姆广场位于巴黎老歌剧院与卢浮宫之间，周围是巴黎历史上最负盛名的贵族聚居区，它因旺多姆公爵府邸而得名。

早在19世纪之初，旺多姆广场的珠宝店便已经闻名遐迩。在这里，那些放射出璀璨光芒的珠宝成为当之无愧的主角，那些被迷人的珠宝所吸引的女人们反倒成了陪衬。这片区域既有固守于此将近两个世纪的老字号珠宝店，同样也有不少年轻品牌。

奥斯曼大道并不在巴黎最繁华的中心区域，但是却因春天百货奥斯曼大街旗舰店和老佛爷百货的进驻，成了女人们心心念念要去的地方。早在1865年，春天百货便来到奥斯曼大道，此后一个半世纪里，春天百货便成了这条街道上的经典一景。

19世纪末20世纪初，老佛爷百货姗姗而来，但它却迅速凭借豪华如宫殿的装修轰动一时。在拜占庭式的巨型镂金雕花圆顶下，来往的顾客人影绰约，像赴一场中世纪的聚会，在这里购物真正成了一种享受。此外，著名作家马塞尔·普鲁斯特的旧居也位于奥斯曼大道，在102号的居所内，他完成了《追忆似水年华》一书的大部分内容。

▲ 香榭丽舍大道

▶ 巴黎春天百货大楼外景

旅程随行帖 〳〳〳〳〳〳〳〳〳〳〳〳〳〳〳〳〳〳〳〳〳〳〳〳

购物狂与艺术家的天堂

　　对购物狂们来说，1月和6月是巴黎最迷人的季节，服装零售业此时正在进行换季大减价，折扣低到不可想象。年度大减价开始的日期是1月第二个星期的周三和6月第三个星期的周三，所以计划行程时还要算准时间。

　　9月到来年4月是巴黎的演出季，巴黎歌剧院几乎每天晚上都有高水准的音乐会和戏剧演出；10月到11月是艺术的旺季，大大小小的美术馆都会推出精彩的主题展览。

卢森堡，欧洲的世外桃源

清晨一阵微风，唤醒一座座古老的城堡。

千堡之国的梦幻童话

卢森堡，全称是卢森堡大公国，是现今欧洲大陆仅存的大公国。这座面积只有2500余平方千米、人口仅有60万的国家，地处法、德交界处，地势险要，历史上曾经一直都是兵家必争之地，号称"北方直布罗陀"。千百年的争战不休，卢森堡境内修建了无数坚固城堡，卢森堡因此又被称作"千堡之国"。

曾经烽烟四起的欧罗巴大陆，刀光剑影早已黯淡，曾经"西欧十字路口"上的城高池深、山高水险则化作了群山密林深处的世外桃源。每逢春风自遥远的西南方吹拂而来，遍布全国的森林、牧场和葡萄园，就会将这个国家装扮得郁郁葱葱。

一般来说，在世界

其他地区，峡谷大多位于远离城市的地方，但是卢森堡首都卢森堡市却沿峡谷而建。宽约100米、深约60米的佩特罗斯大峡谷将卢森堡分成两部分。

佩特罗斯峡谷两岸由110座造型各异的桥梁相连，其中最长的夏洛特女大公桥有355米长、85米高。其中最著名的则是建于1930年的阿道尔夫桥，它全长221米，中央部位有一座长84米的拱桥支架搭成的桥中桥，造型十分独特，优雅美观，来到卢森堡的游客一般都会在这座桥头俯瞰峡谷溪流的怡人美景。

从桥上向下望去，峡谷内溪流潺潺，青草如织，绿树错落有致。古木苍翠的森林中隐约可见尖顶的古堡，在这片世外桃源中，这样一座静谧清幽的古老城堡，让人不难联想到童话故事中睡美人沉睡的处所。

峡谷两岸是卢森堡市历史悠久的旧城区，这里街道狭窄深邃，建筑风格古朴，

▼夜晚时分的卢森堡古城

◀建于1930年的阿道尔夫桥，造型独特，优雅美观，来到卢森堡的游客一般都不会错过在这座桥头俯瞰峡谷溪流的怡人美景的大好机会。

其中最著名的当属卢森堡大公的宫殿，这是一座典型的受比利时建筑风格影响的建筑，有着尖尖的蓝色屋顶和米黄色的石雕墙壁。

从远处就能看见的三座高高的尖塔，是圣米歇尔大教堂的标志，这座教堂已有1000多年的历史，是卢森堡的国家圣地和一年一度的朝圣目的地。

卢森堡古堡

卢森堡被称为"千堡之国"，如果将这个境内大大小小的古堡林立的国家，比作一片茂密的石头森林，那么这座森林中最为高大挺拔、参天而立的一株巨树，非卢森堡古堡莫属，它既是卢森堡市的发端，同时也是卢森堡大公国的根源所在。

1644年，卢森堡还处在哈布斯堡家族统治之下，统治者为了便于统治，在此修建了一座古堡，这就是卢森堡古堡最早的雏形。

其后几十年间，卢森堡不仅建起了坚固的防御堡垒，地下还挖掘出了一条20多千米长的地道、暗堡，其中地下防御通道建立在多个不同水平面上，并同时向下延伸40米，而这些工程都是建在卢森堡地下坚硬的花岗岩中间的，工程之浩大，防御之坚固，堪称欧洲之最。

然而，号称"北方直布罗陀"的卢森堡并没有凭借这座坚固的堡垒保护住自己的家园，它反而成了欧洲列强争夺不休的兵家要冲。200多年里，西班牙人、奥地利人、法国人，先后占据此地。直到1867年，卢森堡宣布成为中立国，并且彻底废弃了堡垒的防御功能，才最终获得了和平。

▲卢森堡曾经的防御堡垒

当卢森堡17千米长的城墙拆除之后，城墙内的炮台因失去保护，所以失去了防御功能，但是这些圆台状的高大建筑却有了一个新的作用。登上这些炮台，可以360度无死角欣赏卢森堡市的美景。

俯瞰河谷，遥望整座城市，层层叠叠的山城卢森堡，俨然一座立体花园。而这些炮台，也有了"欧洲最美阳台"的美誉。

小镇爱情故事

别致的风景使人一见钟情，而让人永生难忘的往往是感人至深的故事。卢森堡西部，山峰与岩石陡峭之处，有一座名叫菲安登的小镇。这里葡萄园环绕，莫泽尔河谷静谧，在河流蜿蜒、群山环绕之处便是菲安登古堡，因为景色优美，这里素来被称为"小瑞士"。

来到菲安登小镇的人，最初往往是被菲安登古堡所吸引，这是卢森堡保

▲卢森堡的菲安登小镇
这里的菲安登古堡是卢森堡保留最完整的中世纪城堡之一，也被称为卢森堡最美的城堡。

留最完整的中世纪城堡之一，也被称为卢森堡最美的城堡。菲安登古堡始建于11世纪，它不仅是一个军事要塞，在一段时间内也是卢森堡大公的居所。如今城堡内部仍然保留着当年大公居住时的陈设。城堡内部也是个小型博物馆，详尽地介绍了城堡各个时期的历史，是各国要员来访卢森堡必到的景点之一。

然而这个小镇最令人迷醉的风景还在别处。沿着小镇中央一条蜿蜒的街道，一直走到尽头，便是一条清澈的小河，河边绿树成荫，蓝天白云倒映于水中。青山古堡，石桥雅屋，勾勒出一幅令人陶醉的美景。

而在石桥的桥头，有一尊雨果的青铜塑像，静静立在河边，遥望河中流水。19世纪，雨果因反对法国波旁王朝复辟，而遭到流放。在离开故土四处漂泊的20年间，菲安登小镇便是雨果的居所之一。小镇上雨果居住过的房子，现如今已经被开辟为雨果纪念馆，正是在居住于此的几年时间里，雨果完成了他的不朽之作《悲惨世界》。

在人们的印象中，流放之地大多是荒无人烟的悲苦之地，但是环顾雨果在菲安登小镇上精致典雅的居所，不禁让人感叹，如果能够将我们"流放"至此，哪怕在这里独自一人度过余生，也是美事一桩，更何况雨果在这里还有一位红颜知己。

雨果能够在菲安登小镇度过一段衣食无忧的安定生活，全因一位美丽女士的保护和照料，这位女士名叫朱丽叶，是一位当时十分有名气的演员，她因出演雨果所写作的一部戏剧，与雨果相识。

从二十几岁认识雨果的那一天起，直到七十多岁病逝，朱丽叶每天都会给雨果写一封情书，半个多世纪从未间断。年轻时的情感炽热而浓烈，在这样炽热的爱情驱使下，无论什么样的浪漫之举，都毫不意外。然而朱丽叶这把爱情的火焰居然燃烧了半个多世纪，真是令人感叹。

只是，爱上一个作家，这样的感情大多无法善终，因为他们是一群把生活当成故事，把故事当成生活的人，他们需要书写一个又一个的故事，因为总向往新鲜的生活，难以做到安于一室、终于一人。

当故事的男女主角都已远去，只留下了后人站在河畔，为他们的故事唏嘘感叹。

旅程随行帖 \\\\\\\\\\\\\\\\\\\\\\\\\\\\\\

佩特罗斯大峡谷

春夏两季是卢森堡最美丽的时节，此时日照充分，温度适宜，花开遍地。尤其是在卢森堡的发祥地——佩特罗斯大峡谷，你可以看到整个峡谷里溪水缓缓流淌，两旁青树绿草随风飘荡，层次高低起伏，错落有致。坐在峡谷边的石椅上小憩，就再也不想离开，因为这里古墙深巷僻静，绿树青藤缠绕，鸟语花香、幽静闲雅。街道非常干净，每个窗台前总有鲜艳芬芳的盆花，这美丽安静的小国，就是一个世外桃源。

Topic

全球七大最美赏花地

花开成海，相思成灾。

温柔的风拂过脸庞，空气中弥漫着醉人的香，远方的花田连绵成海，这样的春天才足够完美，请跟随春之女神塔萝的脚步，一起去看这颗星球上那些最美的赏花胜地。

法国普罗旺斯薰衣草田

普罗旺斯，位于法国南部，蔚蓝色的地中海岸边，早在古罗马帝国时代，它便是帝国的行省之一。普罗旺斯不仅是举世闻名的薰衣草之乡，还是中世纪最负盛名

的"骑士之城"，是骑士抒情诗的发源地。

　　吕贝隆山区索尔特小镇的花田，是普罗旺斯最著名的薰衣草观赏地之一，这片长满薰衣草的谷底，被称为法国最美丽的山谷之一。索尔特小镇附近的山上有一座12世纪的修道院，修道院前方的大片薰衣草花田，由院里的修士栽种，紫色的花在春风吹拂下，摇曳生姿。

中国青海门源油菜花海

　　油菜花开的季节，青海门源祁连山下一片金色的海洋，高原的天蓝得深邃，云白得温柔，祁连山的雪晶莹剔透，油菜花沿浩门河两岸，共同构成了一幅壮阔辽远的奇观。这里的油菜花海，与温柔缱绻的江南水乡有着截然不同的气质。在西部地区格外清透的阳光下，蓝色、绿色、黄色在门源被大自然交融在一起，近百万亩的油菜花，像一幅巨型画卷，以简单的构图、气势恢宏的用色，令无数游客迷醉其间。

保加利亚玫瑰谷

　　保加利亚玫瑰谷位于保加利亚首都索非亚东南约40千米处，它是一东西长130千米、

南北宽15千米、海拔约350米的狭长谷底，北面的巴尔干山为它遮挡住北方的寒风，斯特列玛河和登萨河带来丰沛的水源；地中海上的风沿着河谷从南方带来了温暖湿润的空气，为玫瑰的生长提供了理想的条件。每年玫瑰盛开时，人们从四面八方赶来欢庆保加利亚一年一度的玫瑰节。当地会举行玫瑰皇后选拔赛，最终选出一名玫瑰皇后，她将成为整个玫瑰节的灵魂。

荷兰郁金香花海

　　荷兰是郁金香的王国，3、4月之交，荷兰到处都是盛放的郁金香，置身荷兰就仿如置身在世界最美的春天里，此时最不可错过的便是全球最大的郁金香公园——库肯霍夫公园。库肯霍夫公园每年只在3月中旬至5月中旬对外开放，上千个品种、700多万朵郁金香依次绽放，为了在这短短的两个月时间内展现出花园最美的一面，

花园将所有藏在地下的球茎皆层层相叠，以便让其在不同的时间钻出地面。

印度阿姆利则向日葵园

古印加帝国，向日葵被视作太阳神的象征，传说受到向日葵祝福而诞生的人，会有一颗纯净、快乐的心。向日葵也因凡·高的《向日葵》而传遍世界。作为幸福的象征，作为凡·高画笔下最美好的形象，向日葵渐渐成了绚烂爱情的象征。印度西北部的阿姆利则市郊外，数万株向日葵盛放时，天上的太阳，地上的花朵，交相辉映，灿若千阳。

日本北海道花海

每年4月中旬，位于日本最北端的北海道，山野丘陵间的积雪开始消融，河畔一丛丛的福寿草争相绽放；5月间，札幌的樱花和紫丁香盛放；6月，北海道的日高和十胜的原野，风铃草盛开得甜美可爱；7月，鄂霍次克海沿岸，野生花园中柠檬色的萱草、橙黄色的百合、粉色的玫瑰竞相开放。如果要选一种最能代表北海道的花，那么非风铃草莫属，娇小可爱的它深受当地人喜爱，而被誉为札幌市的市花。每年6月，风铃草开花的时节，黄绿色的叶子上，像小铃铛一样的花朵清香洁白，惹人疼爱。

美国卡尔斯班花海

卡尔斯班位于洛杉矶与圣地亚哥之间，因为南加州的气候创造了得天独厚的自然环境，每当春回大地之时，这座不到8万人的幽静小城，转眼间就变得飞花处处，其中最著名的莫过于令人叹为观止的卡尔斯班花田。每年春天，由3月中旬开始一直持续到5月初，卡尔斯班农场内50英亩的坡地，都会被五彩缤纷的鲜花所覆盖。不同颜色的花朵是分区栽种的，在排列上也间隔有致，颇具一番匠心，看上去赏心悦目。

Chapter 2

盛夏，火热与激情共生

里约热内卢，火热的圣徒之城

这里的夏季如桑巴舞一般火热。巴西人说，上帝花了六天时间创造世界，第七天创造了里约热内卢。这座位于南纬22.54°的城市，终年都是热情如火的夏季。

永远的桑巴，永远的热情

在里约热内卢，一切能令世人疯狂的东西，应有尽有，美食、美酒、美女、美景，最美好的事物都触手可及；但是在里约热内卢风光旖旎的外表下，又是暗流涌动，给这座城市平添了一份原始而又危险的吸引力。

正如里约热内卢的海滩步道，由黑白两色截然相反的石子共同铺就一样，这座城市也是一个矛盾的集合体。在这里，朝不保夕的贫穷与纸醉金迷的奢华并肩而居；在这里，城市里可以找到森林，乡村却高楼林立；贫民窟毫不客气地占据着本应是富人区半山腰的地段。

这就是性如烈火的里约热内卢，矛盾对立、性格碰撞，从不向中庸妥协。但是街上的桑巴舞却从未停过。

最具风情的科帕卡巴纳海滩

在巴西，素来就有"先有科帕卡巴纳海滩，后有里约热内卢，再有巴西"的说法。1505年1月，那是南半球最为炽热的夏季，葡萄牙人远渡重洋来到南美洲，首先看到的便是科帕卡巴纳的白色海滩，他们为登陆的地点取了一个美丽的名字——"里约热内卢"，葡萄牙语意为"一月的河"。

如今的科帕卡巴纳海滩是全世界最具风情的海滩之一，填海筑起的大西洋大街上，开放式设计的人行步道以黑白双色马赛克铺设而成，流动的抽象图案，自

然流畅而且毫无重复，虽由人工修筑而成，却与自然环境融合得不留痕迹。

　　每逢节假日，热爱阳光的里约热内卢人便会不约而同地奔向海滩，科帕卡巴纳海滩被围得水泄不通，腰缠万贯的富翁与身无分文的流浪汉，一起躺在同一片海滩上分享阳光。

　　无论在世界上的哪片海滩，最亮丽的风景线永远是那群花枝招展的姑娘，科帕卡巴纳亦不例外。躺在遮阳伞下的长椅上，举目皆是风情万种、身材热辣的比基尼美女。里约热内卢的混血姑娘们，有着白人女孩的艳美脸庞、黑人美女的惹火身材、印第安姑娘的健康肤色与浓密长发。更重要的是，她们有着南美洲炽热阳光下特有的奔放热情，她们的美如同夏天穿透玻璃的阳光一样，洋溢着生命的活力。

　　在岸边晒足了日光浴后，慢步走进海水中，直到海水没过肩膀，眼睛在海平面的高度遥望远方银白色的海天之际，不一会儿就分不清哪里是天，哪里是水。如果不是亲自体验，你恐怕难以想象，在巴西炽热的热带阳光下，大西洋

▲里约热内卢科帕卡巴纳海滩，被誉为世界上最性感的海滩。

的海水居然会如此清冽冰爽，一步一步慢慢走下海，去享受上半身炙热、下半身冰冷的感觉，继而陶醉在大西洋的怀抱里。

狂欢节，无人替代的热情

你可以没听过里约热内卢，但你肯定听说过狂欢节，里约热内卢的狂欢节如此著名，以至于人们想起巴西，首先想到的便是狂欢。

相传狂欢节是由欧洲中世纪时期的化装舞会演变而来，后来葡萄牙人将化装舞会带到了巴西，在南美洲炽热的阳光和奔放的民风双重碰撞下，原本在贵族的小圈子里流行的室内化装舞会，迅速演变为全城的狂欢。

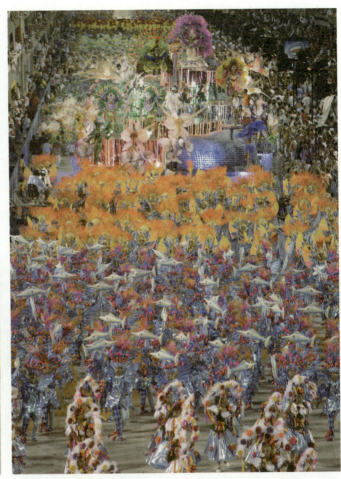

▲桑巴舞者盛装出席狂欢节

 旅程随行帖 ///////////////////////////////////

桑巴舞

　　桑巴舞起源于非洲，这种在热情奔放的音乐节奏中剧烈抖动身体、飞快旋转移动的舞蹈，既有非洲原始部落的狂野，又有南美洲的热情奔放，配合着绚烂的服饰，让桑巴舞者的舞姿显得更加曼妙动人。

　　狂欢节里跳桑巴、看桑巴，是巴西人生活必不可少的一部分。作为"狂欢节之都"，里约热内卢狂欢节最具代表性的是桑巴化装游行，共有 15 万演员上场，历时 5 个通宵。当夜幕降临时，在无数旌旗的簇拥下，狂欢节游行人员出场开道，然后便是桑巴舞表演，全场沸腾。

相传，里约热内卢第一届狂欢节举办于1852年，葡萄牙人阿泽多指挥一支乐队将表演搬上了街头。节奏明快的舞曲很快就感染了热情奔放的里约热内卢居民，无论是白人还是黑人，也不管是富人还是穷人，更不分男人还是女人，全都参加到了这场狂欢中，整个城市都沉醉在欢腾的气氛中。

狂欢节之于巴西、之于里约热内卢，更像是上帝的馈赠，因为只有这片"热土"，才能孕育出一个如此炽热的节日。如今，里约热内卢狂欢节已成了世界上最著名、最令人神往的盛会之一，每年都会有数百万的国内外游客赶往里约热内卢，参加这场盛会。

盛会期间，里约热内卢全城出动，无论男女，不分种族，也没有贵贱贫富之别，全都浓妆艳抹，在狂歌劲舞中尽情释放自己的热情。

隆重的桑巴游行，将整个狂欢节推向高潮，花枝招展的巨大彩车簇拥着狂欢节"国王"与"王后"引导着整个游行队伍，身材让人喷火的拉丁女郎身着比基尼，或者是干脆赤裸上身，与男舞伴狂舞着热力四射的桑巴，游客也情不自禁地加入狂欢的人群当中。

在这样狂欢的节日里，艳丽的服饰、强劲的音乐、火辣的桑巴舞和热情奔放的巴西美女都让人这样地流连忘返。

耶稣山，张开双臂拥抱人间

狂欢节是里约热内卢世俗的一面，耶稣山则代表了里约热内卢人的精神世界，在许多信徒眼中，耶稣山才是里约热内卢，乃至整个巴西的象征。耶稣山本名科科瓦多山，在葡萄牙语中意为"驼峰"。

科科瓦多山耸立在里约热内卢西面的海岸边，709米的海拔高度，让它在大西洋岸边显得异常高耸突兀。山上古木参

▶ 这座高38米的耶稣基督神像，位于里约市蒂茹卡国家公园内的科科瓦多山上。

天，郁郁葱葱，怪石悬崖，流泉飞瀑，云雾缭绕，景色奇绝。耸立"驼峰"之巅的巨石上的，便是一尊巨大无比的耶稣圣像。

这尊耶稣雕像高38米，全重约1145吨，仅仅是雕像的头部便有3.7米高、数十吨重，雕像的每只手重逾9吨。雕像所塑造的耶稣形象，双目微闭，两臂张开，似在为世人祈福，又仿佛是张开双臂迎接到访的客人。自从有了这尊神像，科科瓦多山便得了个新名字——耶稣山。

38米高的耶稣圣像，脚踩着709米高的科科瓦多山，让人们从里约城的每个角落都可以看到它的身影，看到它的人无不为之震撼。为了方便有人登临耶稣山，里约热内卢政府在山上修建了三节车厢的齿轮小火车，但是许多游客宁愿选择在半山腰的停车场下车，沿着山间石路拾级而上，边登高边观赏里约热内卢全景。

夜幕降临之后，热情奔放的里约热内卢被笼罩上了一层神秘气息，整座城市变得更加迷人，推开旅馆的窗户，眺望远方，黑色天鹅绒般的夜空中，巨大而明亮的耶稣像显得更加高大雄伟。在探照灯照射下，城市的每个角落都能看到耶稣圣像的身影，它时刻在提醒人们，这里是热情的里约。

▼从背后看，耶稣张开双臂像是在拥抱这个城市，在欢迎每一位到访的人。

黄昏时分的耶稣山

Venice \\\\\\\\\\\\

威尼斯，漂在碧波上的梦

上帝把眼泪流在威尼斯，却让她更加晶莹柔美。

水中升起的一座童话之城

　　如果要描摹一幅夏天的画作，那流水一定是整幅构图中的点睛之笔，水上城威尼斯，则无疑是一幅浑然天成的夏日画卷。位于意大利北部的威尼斯，因水而生，因水而美，因水而兴，素有"水上都市""百岛之城""亚得里亚海的女王"之称。

　　威尼斯是世界上唯一一座没有汽车的城市，这里的风情总是与水相连，夏日里天蓝云淡，在明媚的阳光下，水巷蜿蜒，清波浮动，水畔的城市美得好像

▲ 古老美丽的威尼斯水城

一个漂在碧波上的梦，诗情画意久久挥之不去。

这座城市的历史，据传起源于5世纪上半叶，此时曾经称雄一时的罗马帝国已到了垂死挣扎之际，游牧民族经常袭扰意大利半岛地区，居住在半岛北部地区的一群农民和渔夫们，不堪战乱之苦，背井离乡，最终在亚得里亚海附近的一座小岛上定居下来，这便是威尼斯的前身。

其后经过数百年经营，威尼斯最终成了一座由周边118个小岛组成的、面积7.8平方千米的城市，177条如蛛网般的运河密布其间。文艺复兴时期，它成了意大利，乃至整个欧洲最耀眼的城市之一。

漂浮的城市"摆渡者"贡多拉

作为一个拥有1600多年历史的城市，威尼斯有太多的名片，以至于想要挑一个最能代表这座城市特色的标志事物，都成了一个难题。拜占庭时期巧夺天工的建筑，中世纪兴起的化装舞会，文艺复兴时期的大师手笔，都是威尼斯这座花园里娇艳动人的花朵，但却都不能勾画出城市的全貌。

▲ 水让威尼斯像一位温柔浪漫的美人，而夜色笼罩下的这位美人尤其显得风情万种。

思来想去，人们才发现，最能代表这座城市的事物，并非是我们乘坐在小舟上观赏到的那些令人啧啧称奇的景色，而是脚下载着我们四处游览的那艘小巧而精致的舟艇。千百年间，威尼斯从无到有，看尽世事沧桑、人来人往，不变的唯有徜徉在水巷中的小舟。

威尼斯的小舟有一个独具特色的名字——贡多拉，这种轻盈纤细、造型别致的小舟为威尼斯所独有。根据一份发布自1094年的文献记录，"贡多拉"这个名字来自威尼斯的第一任总督。由此可见，自威尼斯诞生之初，贡多拉便已成为当地人重要的交通工具。

11世纪是贡多拉最盛行的时期，当时整个威尼斯的贡多拉数量超过了一万只，而整座城市当时也不过只有数万人，几乎家家都有一艘贡多拉。16世纪文艺复兴时期，威尼斯的水巷里穿梭着历史上最漂亮的贡多拉。那时，依靠对外贸易，威尼斯盛极一时，追求奢靡生活的贵族们，经常乘坐外形艳丽、雕刻精美的贡多拉炫耀自己的财富。

▲ 贡多拉小艇是威尼斯水上主要交通工具，经常往来穿梭不断。

▲ 阡陌纵横的浪漫河道上，贡多拉点缀其间，犹如梦幻。

到后来，威尼斯贵族之间争相攀比，在全城造成了恶劣的影响。威尼斯元老院只好颁布法令：禁止在贡多拉上施以任何炫耀身份的装饰，已经安装的必须拆除。此外，被漆成五颜六色的贡多拉，也一律都要重新漆成黑色。这一传统一直被保留至今，穿行在威尼斯的贡多拉无一例外都是黑色，只有在极特殊的场合才会被暂时装扮成花船。

如今，乘坐小舟徜徉于威尼斯的水巷之中，两岸皆是著名建筑，各式教堂、钟楼、宫殿、石桥；到处是作家、画家、音乐家留下的足迹。趁着夜色出行，夏夜的月光仿佛给水城笼上了一层薄纱。倘若恰逢参加化装舞会的红男绿女，戴着精致的面具，穿行于藤蔓斑驳的石桥上，会让人有一种穿越的错觉，恍然间仿佛来到了风流倜傥的文艺复兴时期。

"欧洲最美的客厅"圣马可广场

作为一个常住人口仅有30万的城市，威尼斯在今天绝对称得上是一座"小城"，但是这座小城，却像杯精致的意式浓缩咖啡一般，如果你觉得它"小"，便能一饮而尽，那就大错特错了，因为这里凝结了太多历史的风流，而其中最能让人品出威尼斯滋味的，当属圣马可广场。

圣马可广场始建于9世纪，当时威尼斯正处于崛起阶段，还是拜占庭帝国统治下的一个自治共和国，而圣马可广场也仅仅是圣马可大教堂前的一座小广场。1177年，教皇

▲威尼斯因水而兴，因水而美，如梦如诗般令人仰慕。

亚历山大三世与神圣罗马帝国皇帝腓特烈一世在此会面，圣马可大教堂才扩建成了如今的规模。

壮丽的圣马可大教堂坐落于广场东边，它因埋葬着耶稣十二门徒之一圣马可的灵柩而得名。与欧洲最为常见的尖塔高耸入云的哥特式教堂不同，圣马可大教堂有着五座巍峨的穹隆圆顶，这是拜占庭式建筑最显著的风格。据传，圣马可大教堂的圆顶直接借鉴了君士坦丁堡圣索菲亚大教堂的圆顶造型。

随着历史的演变，圣马可大教堂又逐渐被人们赋予了各种艺术表现形式。15世纪，威尼斯总督下令为教堂修建了哥特式尖拱装饰；文艺复兴时期，人们在教堂之外增添了颇具文艺复兴风格的栏杆装饰；17世纪，大教堂又在正面修建了五座极其华丽的罗马拱门。就这样，圣马可大教堂变成了拜占庭、哥特、文艺复兴、古罗马艺术等不同风格的结合体。

圣马可广场西部，是威尼斯总督府，它的前身是与圣马可广场修建于同一时期的一座城堡，其后几百年间，这座城堡数度毁于战火，又数次重建，现在我们看到的总督府兴建于14至15世纪。其时，威尼斯共和国如日中天，国力强盛，一时间称雄地中海，因此这座总督府也建造得华丽异常，充分展现出昔日

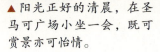

▲ 阳光正好的清晨，在圣马可广场小坐一会，既可赏景亦可怡情。

▲ 圣马可广场曾被拿破仑称为"欧洲最美的客厅"和"世界上最美的广场"，在圣马可广场码头，远远地就能看到高高耸立着的圣马可钟楼，这个钟楼也已经成为威尼斯地标性建筑。

威尼斯之国威。

　　一路向南穿过圣马可广场，还有一座较小的附属广场，这座小广场南临威尼斯潟湖，岸边矗立着两根白色的石柱，其中一根柱子顶部雕刻着威尼斯旧守护神圣狄奥多，另一个柱子上则雕刻着威尼斯新守护者圣马可的象征——有翼飞翔的狮子。对没有城墙的威尼斯来说，这两根柱子便是它的城门，雄踞于石柱之上的圣狄奥多和圣马可的狮子，日夜遥望着亚得里亚海，守护威尼斯的安宁。

　　1797年，威尼斯迎来了一位不速之客——拿破仑，他刚刚率领军队在意大利北部击败了奥地利大军，粉碎了第一次反法同盟。战争结束后，满载胜利喜悦的拿破仑率兵进入威尼斯。其时，尚未称帝的拿破仑，盛赞圣马可广场是"欧洲最美的客厅"和"世界上最美的广场"。

　　被威尼斯迷得如痴如醉的拿破仑，下令将圣马可广场边的行政官邸大楼改造成了自己的行宫，他还命人建造了连接两栋大楼的翼楼作为私人的舞厅，将其命名为"拿破仑之翼大楼"。

▲ 圣马可大教堂曾是中世纪欧洲最大的教堂，是威尼斯建筑艺术的经典之作，拥有"世界上最美的教堂"之美誉。

迷醉在威尼斯的人，可不只有拿破仑一个，如今的圣马可广场不仅是威尼斯嘉年华最重要的舞台，其周围更是聚集了奢侈品店铺，金饰、玻璃、寝具、服饰，琳琅满目。这些店铺小巧而精致，其典雅的橱窗仿似一幅幅油画，点缀着圣马可广场，点缀着威尼斯。

而在广场上，万羽白鸽栖息于此，它们或是结伴觅食，又或是相约振翅翱翔。夕阳的余晖下，戴着奇异面具的小丑穿过广场，一时让人陶醉在了时光的缝隙中。

叹息桥下闻叹息

据说每一对来到威尼斯的情侣，都一定会乘坐贡多拉小舟去看叹息桥，并且在叹息桥下相拥接吻。

叹息桥，位于一处幽深的水巷之中，它横卧在运河之上，桥的一端是华丽奢靡的总督府，白色大理石雕刻的拱形花窗，将整座桥封闭起来。据说，中世

▲威尼斯著名古迹叹息桥，横跨在总督府和监狱之间狭窄的府第溪道上。

▲威尼斯大运河两岸风情

▲载着游人的贡多拉从叹息桥下悠然穿过。

纪时期，威尼斯贵族们经常透过这座桥上的花窗，欣赏威尼斯的夜景。到了威尼斯狂欢节之际，全城为之疯狂，总督府也空无一人，于是这座隐秘的小桥，又成了私会的绝佳场所。

桥的另一端则连着一座漆黑的石头建筑，它黑洞洞的窗户如同野兽之口，窗口封着的粗壮铁栅仿佛交错的獠牙，这里便是威尼斯旧日的监狱。据说，当年在总督府议事厅里被判刑的重犯，便被打进这座监狱的地下室，据说进入这里的犯人没有能够活着出来的。

当犯人走过叹息桥的时候，狱卒会允许犯人在桥上稍稍驻足，从镂空的花窗内，再看一眼外面的世界。远处，圣马可广场日影西斜；桥下，河水流淌而过，贡多拉小舟穿行而过，船上的情侣说着情话、唱着情歌。

直到此刻，戴罪之人才明白，自由原来如此可贵，但在前方等待着他的将是暗无天日的牢笼，狱卒催促的声音响起之后，伴随着脚镣叮当作响的声音，以及一声如阴云般浓重得难以化解的叹息，犯人毫不情愿地走向自己的牢笼。

英国诗人拜伦曾在威尼斯居住长达3年之久，他在诗句中吟咏道："我站在威尼斯的叹息桥头，一边是宫殿，一边是监狱。"也许只有如此强烈的对比，才会让那些过着平凡生活的人明白，当下所拥有的幸福是多么宝贵，在桥下穿行而过，才会更加懂得珍惜眼前之人。

正如尼采所说："由悲观净化而来的乐观，才是真正的乐观。"当叹息桥的悲剧成为过去，留下的只有世人对生活满满的珍重之心，情侣在桥下接吻，爱情将会永恒，这一传说也更深入人心。

▲ 横跨在威尼斯运河上的里亚托桥

▶ 威尼斯也是情侣的旅游胜地。

旅程随行帖

威尼斯狂欢节

据记载，威尼斯狂欢节起源于1268年，至18世纪，它已成了欧洲的一项盛事。狂欢节来临之际，欧洲各国的王公大臣、绅士淑女都争相赶到威尼斯，参加这场狂欢活动。

造型各异的面具、华丽异常的服饰，是威尼斯狂欢节最大的亮点。面具，让人们暂时忘记了本来的身份，贵族假扮成平民，享受着难得的自由；平民打扮成贵族，衣冠楚楚地和周围人打着招呼；老人变年轻了，年轻人则老成持重起来；男人可以变成女人，女人也可以变成男人。

因为狂欢节的风靡，大大小小的面具店铺也成了一道亮丽的风景，每家都有自己的特色，有的收集着时髦的斗篷，有的专卖高顶硬帽，还有的现场展示面具的制作工艺。"面具"可以简单到直接画在脸上，也可以经过复杂的程序，用纸浆、布料、瓷、玻璃甚至塑料等制成。

它们共同的特点是夸张、华丽、戏剧化，看得你眼花缭乱，不知身在何处。

装一瓶**巴塞罗那**的阳光回家

地中海阳光澄净，巴塞罗那夏日正浓。

巴塞罗那，一座优雅但非孤芳自赏的城市，登上位于城郊北部的提比达波山，可以俯瞰整座城市的景致，灿烂的阳光下，巴塞罗那如同一幅风格清新的巨幅画作，而远方蒙特塞拉特山脉，山峰如同尖塔，直刺天空，为巴塞罗那增添了一份壮丽之美。

高迪之城，欧洲之花

伍迪·艾伦执导的影片《午夜巴塞罗那》中，巴塞罗那的浪漫气息不知曾让多少人为之倾倒。艺术大师高迪的建筑，地中海岸边醉人的阳光，还有那甜美怡人的田园风光，这一切都让巴塞罗那美得像一位豆蔻年华的少女，让人容易爱上，却难以离开。

伍迪·艾伦说，这部电影是写给巴塞罗那的一封情书，而巴塞罗那则是伊比利亚半岛写给地中海的一封情书。

巴塞罗那，气候宜人、风光旖旎、古迹遍布，素有"伊比利亚半岛的明珠"之称。这座城市由旧城区与新城区共同组成，灰色石头建造的哥特式建筑密集分布于旧城区，那里的教堂、宫殿充满了中世纪的优雅；新城区，堪称现代城市规划建造的典范，宽阔的街道、成行的树木、鳞次栉比的高楼大厦体现出了现代城市的繁华。

在巴塞罗那，哥特式教堂的尖塔与现代化的摩天大楼，共同构成了令人迷醉的天际线。格局凌乱的小巷子紧贴着新城区的边缘，古色古香的旧城区里会忽然冒出工业时代的烟囱，国际建筑界公认，巴塞罗那是将古代艺术和现代文明结合得最完美的城市。在这里，一切新的与旧的，古典的与现代的，都协调得顺理成章。

巴塞罗那人最引以为傲的还是现代主义建筑大师高迪的杰作，世界上很少有哪座城市会以一位建筑师的名字命名，而巴塞罗那则被西班牙人骄傲地称为

▲古埃尔公园入口处的两大建筑。巴塞罗那古埃尔公园是高迪早期的作品，从外立面看，有着很浓郁的东方色彩。

◀高迪的另一著名建筑物代表，巴特罗公寓外景。

"高迪之城"，是高迪令这颗古老的明珠更加光彩夺目。

高迪让无数只应出现在奇幻世界中的建筑，在巴塞罗那成为现实，无数人想要逃离尘世的庸俗，而高迪却在尘世中打造梦幻的国度，无怪乎许多人来到这里，就再也舍不得离去。

邂逅另一种风情

西班牙作家塞万提斯在提到巴塞罗那时，说它是"世界上最美丽的城市"，丹麦作家安徒生造访巴塞罗那时，则称它为"西班牙的巴黎"。对于游客来说，巴塞罗那的美则是用来享受的。

因为靠近法国，巴塞罗那兼有法兰西的浪漫和西班牙的热情，两种奇妙的性格在巴塞罗那的身上碰撞出万种风情，而巴塞罗那的海滩则是她最让人难以抗拒的诱惑。夏日时分，漫步在海边，在地中海通透的阳光下，踩着滚烫的沙滩，吹着清爽的海风，瞬间便迷醉在这金色和蓝色交织的梦幻时空中。

热爱生活的巴塞罗那人认为，人活着不应是生活的奴隶，而应当做生活的主人。他们崇尚自由，并善于驾驭生活，因而日子过得丰富多彩。在巴塞罗那港口区至圣塞巴斯蒂亚海滩一带，休闲晒日、骑车跑步、轮滑遛狗的西班牙人随处可见。

▲高迪代表作神圣家族教堂（简称"圣家堂"）盖了130多年，至今仍没有建完，是世界上唯一一座尚未完成就被列为世界文化遗产的建筑。

而巴塞罗那最负盛名的圣塞巴斯蒂亚海滩，更是当地人休闲嬉戏的乐园。傍晚时分，夕阳西沉，暴晒了一天的沙子，依旧散发着略有些烫人的温度，而沙滩上早已是玉体横陈，躺满了身材健硕的男人与性感惹火的女人，让人不得不感慨他们的奔放。

似乎是受了人们的感染，此刻湛蓝色的地中海也变得温柔缱绻起来，波光粼粼的海面犹如一面巨大的蓝色丝绸，和着风的节奏，轻轻摇摆着曼妙的身姿；一艘帆船从不远处的海港中驶出，白色的风帆被夕阳染上了一层金黄；而人们在习习海风的吹拂下，一股惬意悠然的满足感弥漫身心。

圣家族大教堂，不可言说之美

当你从远方遥望地中海上的明珠巴塞罗那时，城市的天际线上耸立着一座美轮美奂的建筑——神圣家族教堂，它是西班牙建筑大师安东尼奥·高迪的毕生心血。有人取笑它"不过是一堆石头"，有人则赞叹它是"能够让人狂喜心碎的建筑"。

如今这座未完成的教堂已成为建筑爱好者的朝圣之地，如果你没有去过神圣家族教堂，那么巴塞罗那之旅无疑是不完整的。无数游客一次次来到巴塞罗那，只为再看一眼他们心目中的这座梦幻建筑。

▲ 巴塞罗那圣家族大教堂前面的雕塑

无论是哥特式的科隆大教堂、拜占庭式的圣索菲亚大教堂，还是巴洛克式的圣保罗大教堂，无不体现着人工雕琢的精致雄伟，而神圣家族教堂则如同上帝的造物。高迪认为："直线属于人类，而曲线归于上帝。"秉承这一理念的圣家族大教堂，完全摒弃了直线和平面设计，以螺旋、锥形、双曲线、抛物线等设计手法，组合成充满韵律动感的神圣建筑。

从外观上来看，圣家族大教堂充满了大自然诸如洞穴、山脉、花草、动物的元素，外墙上伸出各种奇珍异兽造型的滴水嘴，还有各种形态的蜥蜴造型；描述耶稣生平的雕像，有的栩栩如生，有的抽象夸张，还有许多其他雕塑，整个墙面便是一座充满魔幻色彩的舞台。

教堂最醒目的四座空心高塔直插云端，抛弃了平直线条的塔身如同章鱼巨足，而周身的各种镂空雕刻则又让它们看起来像是四座巨大的蚁巢。塔顶形状错综复杂，并且用各色花砖来加以装饰，塔尖的顶部各有一尊围着球状花冠的十字架，这些花冠代表了耶稣头上的荆棘冠冕。由于这些别具匠心的设计，使得神圣家族教堂不再是一座冰冷的建筑，而仿佛是出自上帝之手的有生命的造物。

自1884年开工以来，神圣家族教堂已经建造了130余年，预计到2030年左右方可竣工。对这幢高矗的半成品，几代巴塞罗那人都没有为着急与烦躁所惑，而是从容地等待，耐心地守候。尽管高迪早已于1926年逝世，他所留下的教堂石膏模型也已毁坏，但是一代一代的建筑师仍在继续雕琢着高迪的梦境。

▲ 米拉之家建于1906年～1912年，是高迪设计的最后一个私人住宅，常被称为"采石场"。三面波浪形的墙面、扭曲回绕的铁条和铁板构成的阳台栏杆、宽大的窗户非常吸人眼球。在阳台上还可以俯瞰部分市区街道，遥望圣家族大教堂。

米拉之家的奇幻与浪漫

意大利著名导演米开朗琪罗·安东尼奥尼执导的电影《过客》中，曾经出现过一座建筑的奇特屋顶，这个镜头给观众留下深刻印象，许多人都在追问，那座建筑究竟是现实中真实存在的，还是导演用电影的魔术构造出的虚拟空间？

实际上，那个奇绚诡谲的屋顶，便是天才建筑师高迪的另一杰作——米拉之家。曾经巴塞罗那富豪佩雷·米拉先生为迎娶他的新婚妻子，聘请高迪为他设计一座独一无二的住宅，这便是米拉之家的由来。

米拉之家位于巴塞罗那格拉西亚大街与普罗班萨街交会的十字路口东北，其外墙由白色的石材砌成，整体呈波浪式造型，用扭曲回绕的铁条和铁板塑造出海藻模样的阳台栏杆，与波浪式外墙互相映衬。

夸张而富有想象力的外形，使得米拉之家在不同人的眼中也呈现出不同的样子，有人觉得它像海浪，有人觉得它像退潮后的沙滩，也有人觉得它像一个巨大的蜂巢，更有人觉得这座有着150扇窗户的六层建筑，像是在陡峭的悬崖上开凿出的一个个洞穴。

如果你站在楼下欣赏整座建筑，就已经被高迪奇妙的想象力和大胆的设计所征服的话，那么当你乘坐电梯来到米拉之家的楼顶后，才更会惊讶地发现，自己像踏进了一个奇幻世界。这里有高迪精心设计的30个造型奇特的通风烟囱，每一个烟囱的顶端都是一幅面具，它们有的单独站立，仿佛警惕的哨兵；有的相对而立，如同庄严的守卫，造型抽象而别致。此外，屋顶还有2个通风口和6个楼梯口，每个楼梯口都风格迥异，或如钟或如塔，与烟囱一起，把如波浪般起伏的屋顶装饰得更加错落有致。到过这里的人都认为，屋顶才是米拉之家最具魅力的部分。

不过，这里还有一个有意思的小插曲，米拉之家在建成之初，并不像今天这般为世人所喜爱，因为造型怪异，巴塞罗那人在很长一段时间将其称为"石头房子"，或者干脆冠以"采石场"的绰号，而到了今天，这些绰号却成了巴塞罗那人对米拉之家的爱称。

流浪艺人的"朝圣地"兰布拉大街

在欧洲，一边流浪一边表演，是承袭自吉卜赛流浪艺人的一种常见的生活方式，而在巴塞罗那，流浪艺人们则将这种生活概念推向了极致。

巴塞罗那的兰布拉大街，这条历史悠久的街道本身实际上与欧洲其他的大

▲ 巴塞罗那河岸边的小船

▲夜幕将要降临时，天还是蓝色的，天空和灯光互相映衬，十分美好。

街小巷并无太大区别，但是它却以"流浪者大街"的名字为人所熟知，这里是全欧洲流浪艺人们的"朝圣地"。不同种族、不同语言、来自不同国家的流浪艺人云集于此，把街头艺术的精髓演绎得淋漓尽致，让兰布拉大街成了一出永不谢幕的戏剧。

　　漫步于兰布拉大街，各路流浪艺人的表演可谓五花八门，沿街林立的风格迥异的"真人雕塑"是兰布拉大街不变的主角，他们吸引着来自各地的游客们的目光。为了能博得游客们开怀一笑，这些流浪艺人抖出百般花样，涂脂抹粉，衣着鲜艳的"真人雕塑"让人难辨真假。若不是当你在他们脚下的篮子里投上几枚硬币后，他们挤眉弄眼的笑容，你恐怕会误以为这是真的雕塑了。

　　正是由于兰布拉大街流浪艺人们的表演，使这里成了巴塞罗那人气最旺的商业街之一，街道两旁书报亭、花店、食品亭鳞次栉比，把街道装点得欢乐异常，偶尔还会在街角的面包店门口遇到刚刚采购完食粮的"塑像"，瞬间让你有种走错了片场的感觉。

兰布拉大街除了是流浪艺人的朝圣地之外，还是巴塞罗那漫长历史中所建的第一条宽敞的大街。耸立在兰布拉大街附近的各种宫殿古迹、广场市场、剧院博物馆，多得让人目不暇接，忘记了时间的流逝。

▲ 俯瞰兰布拉大街，街道两旁的大树葱郁，像一条翠绿的长龙伸向远处。

 旅程随行帖

游览MNAC

加泰罗尼亚国家艺术博物馆（MNAC），内部收藏了最精美的宗教壁画和罗马式艺术品，是20世纪20年代为世博会所建。周六15:00以后、每月第一个周日、5月18日的国际博物馆日免费开放，每人能省12欧元。

可以到MNAC附近去看魔幻喷泉，人比较多，要尽量早点去。夏天时，周四到周日晚9点是第一场喷泉表演时间。

▲ 普罗旺斯的美丽黄昏

Provence

普罗旺斯，薰衣草和向日葵带给你的缤纷夏天

薰衣草绚烂绽放，向日葵迎风微笑，交织成法国南部最难忘的夏季。

情迷普罗旺斯

如果说旅行是为了摆脱现实生活的束缚，那么普罗旺斯无疑会让所有的烦恼烟消云散。这片位于法国南部的世外桃源，在漫长的岁月里，一直谨慎地保守着自己的秘密，直到有一天，一个名叫彼得·梅尔的英国人来到此地，普罗旺斯才揭开了她的神秘面纱。在彼得·梅尔的描绘下，普罗旺斯已成为一种简单质朴、轻松无忧的生活方式的代名词。

普罗旺斯，全称"普罗旺斯–阿尔卑斯–蓝色海岸"，这片美丽的土地北望雄伟壮丽的阿尔卑斯山脉，面朝天蓝海碧的地中海，地势起伏跌宕，天气阴晴不定，时而暖风和煦，时而海风狂野，好似一位气质独特神秘的女郎，难以捉摸且风情万种。险峻的峰峦、温柔的丘陵、寂寞的峡谷、苍凉的古堡、蜿蜒的山脉和活泼的都会，全都汇聚在这片大地上。

这里物产丰饶、风景宜人，自古希腊罗马时代便是地中海沿岸一处风景秀丽之所在，无论是希腊的先贤，还是罗马的王公，都曾被这里的风景所吸引。水波潺潺的隆河从这片广袤的土地贯穿而过，自阿尔卑斯山南麓法院的罗讷河在此一分为二注入地中海。艾克斯、马赛等名城，堪称欧罗巴大陆上的明珠，阿尔勒、阿维尼翁、尼姆等小镇，则美得精致典雅。

▲ 美丽而浪漫的普罗旺斯令人陶醉。

普罗旺斯不仅是世界闻名的薰衣草故乡，这里还是欧洲的"骑士之城"，是中世纪骑士抒情诗的发祥地。漫步于普罗旺斯的古堡中，你眼前某座蔷薇环绕的阳台下，也许就曾发生过无数感人至深的故事。

薰衣草之都

夏季之于普罗旺斯，就如同女人最光彩照人的时光，而薰衣草花田则是普罗旺斯夏天里最动人心弦的景色。普罗旺斯是举世公认的薰衣草之乡，而小镇索尔特则被誉为普罗旺斯的薰衣草之都。薰衣草，这种花语为"等待爱情"的花朵，不知令多少男男女女为之沉醉。

沿着山区公路，翻过由白色石灰岩构成的旺都山脉，穿过大片的金色向日葵田，在接近索尔特时，大片的薰衣草花田映入眼

▲ 大片的薰衣草和金黄的向日葵在蓝天下相映成趣，绵延的花海勾勒出一幅人间美景。

帘。在浓烈的夏日艳阳映照下，广袤的原野间紫霞蒸腾，倘若不是风中有花香飘来，便真的要分不清眼前的景色究竟是梦还是现实了。

▲普罗旺斯不愧是薰衣草的故乡，在这里大片大片的薰衣草构成一片紫色的海洋。

　　如此纯粹的紫色在高高低低的田园里绽开，在夏日的风中打开浪漫的符号，像那种最沉静的思念，最甜蜜的惆怅。置身于薰衣草花田之中，竞相开放的花枝随风摇曳，自然清新的幽香弥漫在清澈的阳光里，用手轻轻拂动颀长的花絮，全身的衣衫便会立即沁透淡雅的馨香，一种微微醺醉的感觉在心底悄然流淌。

　　不远处，收割好的干草垛卷成橡木酒桶的样子，三个五个地晾晒在田野上。阳光从柏树叶间透露出斑斑点点的金色，风儿轻柔，雀鸣婉转，满眼都是纯美的紫色，呼吸里都是甜美的气息。

　　站在索尔特小镇周围的山冈上，内斯克河谷平原如梦如幻的景象尽收眼底，苍翠的田野、金黄色的向日葵田、深紫色的薰衣草花海，汇成一幅用色奔放大胆的天然画卷。难怪许多艺术家会钟情于普罗旺斯。纯净唯美的色彩、时光凝滞的岁月、无拘无束的生活，使这片土地成为艺术家迸发灵感、施展才华的天堂。

▲ 薰衣草花田中的阳光少年

普罗旺斯的村庄

想要真正感受普罗旺斯的魅力，还需走到普罗旺斯形色各异的村庄去。踩在石子铺就的小路上，古罗马的遗迹、中世纪的古堡触手可及，只有这样身临其境地感受过普罗旺斯的千年气息，才能说自己真正来过这里。

艾克斯市是画家保尔·塞尚的故乡，自中世纪就是一座大学城，也是著名的"泉城"。这里是罗马时代普罗旺斯的古都。在奥朗日，你可以坐在罗马时代的圆形露天剧场看戏；每年7月，这里还会举办一个很时髦的石头城国际摄影节，会在石头古巷和小广场上，展览当今缔造潮流的大摄影师的作品。

鲁西永也叫"红土城"，它建在红色如血的高崖之上，特殊的赭石地质土壤，构造出鲁西永独特迷人的地理风貌。它是座彩色的村庄，桃红、鲜橙、明黄的房子像天使的玩具，随意散落在村中。悠然避世的小街巷在脚下延伸，仿

▲鲁西永是一个色彩鲜艳的红土城，因这里的土质多为红土，城市风貌别具一格，被法国政府选入"经典美村"的村庄之一。

▲高德村，也被称为"石头城"，小镇里的大部分建筑建于中世纪时代，整个小镇的房屋都是由山上的花岗岩累积而成，呈梯形盘踞在一起，远远看去犹如一座空中的房子。

佛没有尽头。斑驳的墙壁上留下的是光阴的痕迹。

高德村也叫"石头城"，是电影《普罗旺斯的馈赠》的外景拍摄地。主人公所迷恋的女子就在村庄广场上的餐厅工作，山丘上耸立着16世纪文艺复兴时代的城堡，山坡上满是阶梯状的石造房屋。

凡·高的城市

南普罗旺斯的古老小城阿尔勒，是伫立于罗讷河畔的一颗珍宝，以明亮的阳光和热烈的艺术风格闻名。这座小城早在古罗马时代便是普罗旺斯的首府，但是真正让它为世人所熟知的却是因一位天才画家——凡·高。

1888年，35岁的凡·高厌倦了巴黎的都市生活，他登上一列南下的火车，去寻找心中向往的阳光。当他来到阿尔勒之后，便爱上了这个有着明媚阳光的古罗马小城。

在这里的444天，是凡·高一生中创作最丰富、最奔放、最辉煌的时期。共有200多幅油画、100多张素描和水彩画在这里诞生。这里的街道、房屋、酒吧、石头古巷，都曾留下过画家的足迹；这里的古罗马竞技场、中世纪古堡，都曾给画家以灵感；这里的原野，这里的向日葵和麦田，都曾在画家笔下获得新生。

▲在夏天，去普罗旺斯登高俯瞰，可以静静感受城堡、教堂、阶梯与周围盛开的鲜花一起带来的宁谧和处处生机。

罗讷河边的康斯坦丁浴场边，是《罗讷河上的星夜》的诞生地。坐在河边，抬头是恒久不变的璀璨星空，脚下则是日夜流淌、逝者如斯的蓝色大河，让人思绪万千。

《夜晚露天咖啡座》中的咖啡馆，百年之后的今天仍在营业，不仅更名为"凡·高咖啡馆"，而且也按画中色调进行了装修。你不妨坐在咖啡馆的沙发上，点一杯咖啡，品味画家的孤独一生，临别前拿出相机用画中相同的角度，记录下这个永恒的瞬间。

▲凡·高的名画《夜晚露天咖啡座》

美食，海岛，落日，这就是**希腊**

此生最浪漫之地，一定是希腊的那片爱琴海！

你一定有属于自己的希腊标签。

是诸神吗？他们在浩瀚烟渺的尘世中选择在希腊降临，与那里的人一同生活享乐，同时也战斗争执。人与神，爱与恨，纠缠几千年，难以休止。

是奥林匹克吗？古希腊人带着对神至高无上的崇敬，用奔跑、跳跃的姿态来祈求这一年神的眷顾。坚持不懈，真诚忠实，是古希腊人朴实的奥林匹克精神。

或许都不是，你的希腊，应是属于那片洁白与碧蓝交相辉映的爱琴海。

爱琴海，希腊的世界名片

大概就是因为在宇宙中，爱琴海是一条蓝色的绸缎，漂泊在希腊半岛和小亚细亚岛之间，曲折蜿蜒，包围了2000多个小岛，美丽似少女那腰身间点缀宝石的裙带，才让诸神选择在这里瞭望人间。

从那以后，爱琴海就变得异常耀眼，人人争相去欣赏它，特别是那些情侣，更希望在蓝色与白色的世界里成就人生中最美的一次旅行。于是，爱琴海，又成了爱情海，闪着钻石般的光芒，跳动着矢志不渝的爱的信念。

可这样的爱琴海，流淌在它身上的传说却是以悲剧开始。

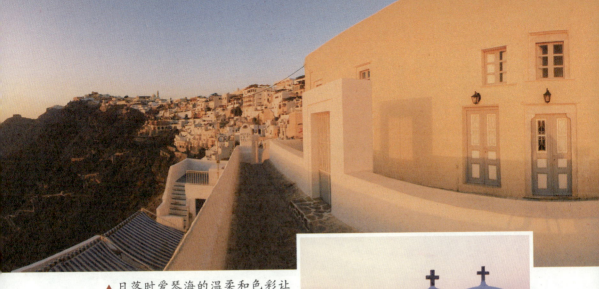

▲ 日落时爱琴海的温柔和色彩让人心旷神怡，这里几乎用尽了世上所有的美丽。

▶希腊克里特岛上黄昏时分的日落

在不知道何年何月的古希腊传说中，神、魔和人类生活在一起。神监督人类的一举一动，对其错误的行为进行惩罚，同时也爱慕人类，愿意与人类长相厮守。而魔，一部分来自世间精灵，一部分则来自人的邪恶内心。在克里特岛有这样一个魔，人身牛头，被称为弥诺陶诺斯，它是克里特岛国王米诺斯的王妃帕西法尔偷偷跟海神波塞冬赐予的白色公牛所生的孩子，以童男童女的肉体为食物，常年被米诺斯关在一个巨大的迷宫之内。

米诺斯，传说中宙斯与欧罗巴的儿子，骁勇善战，宏韬伟略，是米诺斯王朝的开创者。他和雅典之间有不可消弭的仇恨——他的儿子被雅典人杀害，所以他起兵攻打雅典，最终在神的帮助下取得胜利。战败的雅典人前来求和，米诺斯说："你们要每隔9年就送来7对童男童女，供给弥诺陶诺斯食用。"雅典人无可奈何，只能遵从。

这一年，恰好是供奉的日子，雅典人在一片哭泣声中挑选出7对童男童女。国王埃勾斯试图扭转乾坤，却发现根本无能为力。他的儿子忒休斯见到百姓哭泣，跟父亲一样不甘心永远对米诺斯王朝俯首称臣，于是决定亲自带着童男童女去克里特岛——他要杀掉弥诺陶诺斯。

临行之前，忒休斯跟父亲说："亲爱的父亲，我的船帆是黑色的，如果

▲克里特岛是爱琴海最南面的皇冠，它是诸多希腊神话的发祥地，过去是希腊文化、西方文明的摇篮，现在则是美景难以形容的度假地。

我顺利杀死了弥诺陶诺斯，黑帆将会换成白帆。如果我失手了，船帆将保持黑色，那时，请不要为我悲伤。"

  告别之后，忒休斯带着童男童女上船，经过数天的漂泊，终于在克里特岛登陆。然而在遇到弥诺陶诺斯之前，忒休斯先遇到了米诺斯国王的美丽的女儿，阿里阿德涅公主。这位公主善良聪明，同时对忒休斯一见钟情，她愿意帮助忒休斯战胜弥诺陶诺斯。她准备了两样东西送给忒休斯，一样是一个巨大的线团，一样是一把威力无穷的魔剑。线团可以指引忒休斯在复杂的迷宫中找到回来的路，魔剑则足以对抗凶残的弥诺陶诺斯。

  结局一早就定好了，勇敢而仁慈的人总是会取得胜利，忒休斯杀死了弥诺陶诺斯，救走了所有童男童女。他带着阿里阿德涅一起逃离克里特岛，为了防止米诺斯追击，他凿穿了克里特岛所有的船只。

  两个相爱的人，即便亡命天涯，也是甜蜜愉快的。可惜的是，这段感情并没有得到神的祝福。经过纳克索斯岛的时候，忒休斯做了一个梦——命运女神对

他说，他和阿里阿德涅的结合是一场灾难，将会给两国人民带来痛苦。尽管相爱，可忒休斯不得不为无辜的百姓考虑，于是在天亮之前，他偷偷离开纳克索斯岛，留下阿里阿德涅一个人在岛上酣睡。

离开爱人，忒休斯心如刀绞，对漫长的归程提不起一点精神，恍惚而沮丧。他全然忘记了跟父亲的约定，没有把黑帆换成白帆。而日日夜夜在海边等候的父亲，遥遥看到黑色帆船，以为儿子失手被害，悲痛欲绝，竟然跳入茫茫大海，用自己为儿子陪葬。从此之后，忒休斯为了纪念埃勾斯国王，就将那片海取名"爱琴海"。

岛屿上的慢行，日落的惊情

尽管悲伤是爱琴海的基调，但并不妨碍相爱的人将它变成一种浪漫。随便登上爱琴海的一个小岛，就能看到甜蜜度假的旅人，他们相拥亲吻，表达对彼此的情不自禁。

而爱琴海的每个小岛，也恰是有这样令人情不自禁的氛围。

就像距离雅典约3个多小时航程的伊兹拉岛，拥有细长而干净的小巷，两

▲伊兹拉岛的红色屋顶，远远望去一片红白相间连接而成，有一种跳跃性的灵动、可爱。

▲在米克诺斯岛西南面海边的小山丘上，有5座基克拉泽式的风车，是这座小岛的标志。它们常年搅动着海风，吹拂着岛上的幢幢白屋，每一丝风里，都有着爱琴海的柔情。

▲米克诺斯岛崇尚天人合一，这里的海滩洁白柔软，游客毫无保留地在上面晒着天体浴，所以也有了"天体海滩"之称。

边是纯白色的民居和商铺，墙上嵌着蓝色的窗框，屋顶刷成了可爱的粉红色，在蓝天下像个调皮的姑娘，被阳光晒红了脸庞。

这里禁止汽车和摩托车进入，只有些毛驴在巷子里穿梭，背上载着来度假的旅人，迈着不疾不徐的步伐，悠闲懒散地晃来晃去。

白色的院墙里种了不少颜色鲜艳的花朵，它们娇羞地探出头来，跟过路的旅人打招呼。还有一些柠檬树，上面是金黄色的果实，满当当、沉甸甸，压弯枝头，一副摇摇欲坠的模样。

街头有很多摊贩，兜售着各种首饰、装饰品、工艺品，造型别致。他们很多是来自各国的艺术家，在伊兹拉岛寻找创作灵感，兜售的也大多是自己精心制作的艺术作品。价格并不昂贵，几欧元就可以买到一个独一无二的作品。

伊兹拉的艺术气息，不仅仅是一种风景式的美丽，更重要的是一种英雄式的壮阔。在18世纪，伊兹拉的港口是最繁忙的地方，来往各国的商人，富庶了这个小岛。1821年，希腊独立战争打响，这里的人们用贸易赚来的钱组织战斗，涌出了许多战斗英雄。至今为止，伊兹拉都是希腊人心中的英雄岛屿。

与此同时，伊兹拉还有希腊能见度最高的海岛，地理位置偏僻，因而十分宁静。从傍晚起坐在沙滩上，看着落日金黄，怕是很难不为情动。

▲希腊的圣托里尼岛是许多新婚夫妇梦想中的蜜月度假胜地。

但要说起日落，没有比米克诺斯岛更美的地方。

米克诺斯岛是希腊南部基克拉泽群岛中最有名的一座岛屿，从每年4月开始，小岛便开启迎来送往的模式，热闹非凡。由于这里较早被开发，所以旅游设施、项目非常成熟，比起伊兹拉岛更像一个热情似火的老板娘。

岛上有很多餐厅建在最佳观日落的位置，所以很多都叫"落日餐厅"。随便选一家，懒洋洋地坐在沙发里，端着酒杯或咖啡，看着耀眼的阳光变得通红，慢慢从海平面消失。消失的最后一个瞬间，太阳像被海水忽地拉了进去，夜色迅速弥漫开来，人们激动地欢呼，送走这充满魅力的一天。

爱琴海还有一座岛屿的日落吸引着各国游客，那就是希腊最大的岛——克里特岛，是的，就是那米诺斯开创辉煌王朝的地方。但你此时好奇的一定不是日落，而是关弥诺陶诺斯的迷宫在什么地方！

神话中的迷宫并不存在，但米诺斯王朝的巨大宫廷真实坐落在岛的中央。这座宫廷占地2.2万平方米，房间总数超过1500间，楼层与楼层紧密衔接，回廊连着回廊，曲折迂回，地形复杂，所有布置不对称，更容易使人迷惑，再加上星罗棋布的天井、错落有致的厅堂，让人一旦踏入便如进入迷宫一般。神话中关押弥诺陶诺斯的地方，正是由此而来。

希腊美食，令人大"吃"一惊

希腊令人沉醉的不仅是美景，美食也具有同样的魅力！

希腊的美食有着地中海典型的风格，对海鲜痴迷、对羊肉情有独钟。

希腊的街头，时而会传出一种海鲜和烤肉的香味。他们把章鱼做成口感香弹的炸圈，也将一整只放在铁盘里煎烤，直至酥脆。当然还有一些海鱼，多是用煎炸的方式烹调，随便几滴柠檬汁和橄榄油，就是一道美味的下酒菜。

▲一顿希腊风格的正餐，包括鹰嘴豆汤、卡拉马塔橄榄、羊肉串、希腊沙拉、果仁蜜饼、茴香烈酒等。

说到了酒，就一定要尝试茴香烈酒，希腊人将蒸馏酒和茴香油放在一起酿造，承载着地中海人独特的口味——甘甜又热烈。

既然有酒，就要有肉，且必须是希腊人钟爱的羊肉。羊肉最好是羊羔肉或山羊肉，口感细腻、滑嫩，适合烧烤和油煎。希腊人最擅长保留羊肉的原汁原味，只是用非常简单的香草、柠檬汁、橄榄油腌渍后直接烹调，既没有令人尴尬的膻气，又恰好保留了羊肉的香味。

▲ 岸边居民楼装饰的门窗

除了烤羊肉、煎羊肉，希腊人还将羊肉用在许多菜肴里，比如把羊肉末放在饼中，变成"皮塔饼"；或者和鸡蛋、茄子在一起，变成名菜"穆沙卡"；也可以卷在饼里，变成"希腊肉卷"；更可以和米饭、奶酪在一起，统统放进挖空的番茄或灯笼椒里，放进烤炉里烤，让番茄或灯笼椒的香味融入米饭和肉里，成为"酿西红柿球"……希腊人将对羊肉的热爱，渗入了每一道菜中。

美景、美食、美酒，有挚爱在身边，人生与完美的邂逅，就在希腊。

▲ 希腊的蓝顶教堂

旅程随行帖

希腊人的慢气质

希腊人很"慢"，从政府部门、银行，到街边的小贩，一天的工作时间只有四五个小时——从早上9点到下午2点。餐厅、商店营业会相对久一些，但午饭时间一过，一定会关门午睡。至于下午什么时候开门，就要看什么时候睡醒，以及睡醒后的心情了。

到了周六，希腊人会展示一种更为夸张的慢气质，不管什么商店、超市，一过中午，统统关门放假，才不理会这一天是不是最佳的赚钱时机。在他们的理念里，赚钱是为了享受，而此时他们已经在享受了。所以如果想甩掉疲惫与紧张彻底放松的话，到希腊一定是最好的选择。

田原牧歌，**爱尔兰**的别样绿色

思虑许久，应该用什么来唤醒你对爱尔兰的印象，是《快乐王子》王尔德，还是霍格沃兹魔法学校的图书馆？

恐怕都不足够让你察觉到你早已与爱尔兰相识。那么这首诗，一定可以，它就是爱尔兰诗人威廉·巴特勒·叶芝的《当你老了》："当你老了，头白了，睡意昏沉，炉火旁打盹……"

你一定能轻松地哼唱出同名歌曲的旋律，然后恍然大悟："哦，原来它来自爱尔兰。"这样一来，你是否燃起了一种别样的情怀，想去爱尔兰，看个究竟。

都柏林的别样绿色

都柏林是爱尔兰最大的城市，人口大约有125万。从5月开始，这里的白昼就会持续到晚上10点，于是可以在户外多逗留一阵。

一进入都柏林，最先感受到的就是四处跳跃的

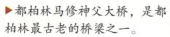

▶都柏林马修神父大桥，是都柏林最古老的桥梁之一。

绿色，绿色的田野、绿色的墙面、绿色的房子、绿色的旗帜、绿色的衣服、绿色的丝巾、绿色的眸子……爱尔兰人把所有东西都染成绿色，用来代表无限生机。

也许是因为满目绿色的缘故，都柏林看上去宁静悠远，极具田园气息。随处可见的是以古罗马建筑风格为主的城堡和教堂，鲜有现代感，多有古朴之风。

中国道家说宁静致远，崇尚回归自然，多少影响了中国文人对自然田园的执着热爱，于是诗情画意总是跟悠然自得、绿树美景分不开。"归田园居"这

▲阿什福德城堡，像童话一般美好。

个似乎遥不可及的梦，在千万里之外的异国他乡都柏林，竟能寻到这种感觉，令人激动不已。

在都柏林，走路可以慢一些，呼吸可以慢一些，只有慢一些，才能感受里菲河从都柏林市中心悄悄流过的细微声响，才能听到从连接南北两岸的十座桥梁上走过的轻快步伐，才能看到穿梭在古典建筑里的人们的微笑。

慢一点，不代表没有热情。

都柏林的大街小巷遍布着酒吧，大门五颜六色，绚烂了整条街。你可以慢条斯理地走进去，坐在让你感到轻松的地方，点一杯当地有名的健力士黑啤，随便聊点什么，或者一言不发。

如果是周末，还可能遇到小型的音乐现场秀，没有强烈的节奏和聒噪的音响，只是几个沧桑的大叔坐在台前演奏爱尔兰民谣，唱着淡淡的哀愁，唱着浪漫的爱情……这样的旋律，像平缓的溪流，流入碎裂的心脏，填补裂痕，让心重新完整起来。这就是爱尔兰人，他们用乐观和平静治愈自己，也治愈每个去那儿旅行的人。

既然提到了健力士黑啤，就最好去参观一下健力士啤酒中心，看看能成为爱尔兰标签的啤酒是如何酿造出来的，并去尽情品尝新鲜的啤酒。

有酒，就要有故事。都柏林最好的故事都藏在了圣三一学院的图书馆里，这座巨大的砖石建筑，与英国大英图书馆、牛津大学图书馆一起被誉为"欧洲三大图书馆"，里面典藏着完成于9世纪的《凯尔经》。这是一部完全手写的爱尔兰宗教历史巨著，以拉丁文写就，记录了中世纪教会最好的时光，内容网罗爱尔兰当时的文化和艺术发展状况，以及珍贵的耶稣、圣约翰、圣母与圣子等肖像插图。

然而在震撼之外，可能还有一种莫名的熟悉感，它来自你看过的电影《哈利·波特与魔法石》。霍格沃兹魔法学院庞大而神秘的图书馆，就在圣三一学院图书馆取景拍摄。这样一来，你再拿起图书馆散发着霉味的羊皮书卷时，是否想到了那个年少的魔法师，曾在这里和同伴经历过怎样的学生时代，历练出怎样的勇气。

真正的绿色，出自爱尔兰的牧场

爱尔兰的绿色之美，在都柏林表现出的只是小荷之角。从天空鸟瞰，爱尔兰有40多种深浅不一的绿色交错，其中还有河流、洞穴的点缀，自然风貌，风情万种，夺目纷繁，不愧为"翡翠绿岛"。这一切都要归功于海洋性气候带来的暖流，以及蜿蜒绵长的海岸线造就的爱尔兰边缘陡峭的盆地地貌，让爱尔兰一年四季都有不同的绿色风光。

要欣赏爱尔兰最吸引人的绿色风光，一定要离开大都市，前往乡村牧场。这里没有密集的房屋，只有无边无际的绿色。绿色大地上还有成群的牛羊，映衬着蓝天中低低的云团，就像云朵在碧绿的河流中生出了倒影。

爱尔兰的牧场，大多是私人的，他们经营着无边无际的绿色草场，饲养着成群的牛羊，不需要在名利场里摸爬滚打，不需要在乱花渐欲迷人眼的都市里浸淫，生活恬静平淡，却生机勃勃。

如果你愿意跟他们住在一起——他们很乐意迎接远方的游客，那你每天将在青草香中清醒，窗外的牛羊温柔地呼唤，完全没有机械的轰鸣。跟随牧场主人去放牛、牧羊，同这些可爱的生物一起在草地上打滚，什么样的人生烦恼都会在瞬间变得微不足道，除了惬意，就只剩快乐。

▼ 爱尔兰凤凰公园

用餐时可以享受到牧场主人自己酿制的奶酪，加上刚刚做好的香肠和牛排，再添一杯健力士黑啤、威士忌或百利甜酒，便是一顿传统而富有特色的爱尔兰佳肴。

爱尔兰牧场是全国奶制品、牛羊肉、百利甜酒最直接的提供者，而且占据

▲爱尔兰凯西尔城堡

整个爱尔兰面积的四分之三，所以在环境卫生、保护生态环境方面有着非常严格的管理制度，比如牧场圈中的草地是受法律保护的，牧场主必须保证牧场区的自然林场、沼泽、野生牧草以及特殊品种植物的可持续发展；这里的每一头奶牛都有自己的身份编号，以保证每一滴牛奶都能追根溯源。

圣帕特里克节，爱尔兰的绿色节日

除了绿色的自然、绿色的装饰，爱尔兰还有绿色的节日。每年3月17日，是爱尔兰的国庆日，也是传统的民族节日——圣帕特里克节。432年，虔诚的基督徒圣帕特里克前往爱尔兰

▲圣帕特里克节上的游行队伍

▲爱尔兰都柏林半便士桥

传道，当地的异教徒视其为魔鬼，试图杀死他。圣帕特里克摘下手边的一棵三叶苜蓿，表示自己和平的意愿，并用卓绝的口才劝服了爱尔兰人。461年3月17日，圣帕特里克去世，为了纪念他，爱尔兰人将这一天定为圣帕特里克节。爱尔兰独立后，又将这一天定为国庆日。

因为一棵三叶苜蓿，爱尔兰人迎来了新的信仰，这对他们来说是一次精神上的重生。于是每到这一天，他们会手持三叶苜蓿，或是在衣服上、脸上用醒目的绿色绘出三叶苜蓿的模样，还要用黄绿相间的颜色涂染、装饰房间，甚至要把喷泉都变成绿色。

带着这样盎然的绿色，50万人走上街头，欢歌鼓舞，纵情狂欢，发誓要把爱尔兰人对生活、信仰的热情传递给四面八方。他们也的确做到了。随着这个民族在全球的迁徙，爱尔兰后裔在欧美各国生根，每当这一天，他们在纽约曼哈顿第五大道，在纽芬兰，在拉布拉多，在每一个有爱尔兰人的地方相聚欢庆，依旧是那翠生生的绿色，仍然是那样明朗的笑脸，带着三叶苜蓿，相赠给每一个异国他乡的陌生人。

▶ 圣帕特里克节这一天，整个街上都是一片绿色的海洋。大人孩童都穿着绿色的服饰，戴着绿色的帽子，身上或多或少都印着代表和平的三叶苜蓿标识，传递着节日的快乐。

蜜月，漂流，穿越，最热烈的
尼亚加拉大瀑布

如果未曾与尼亚加拉大瀑布相遇，就不曾知道水流从断崖倾泻而下是如何的令人胆战心惊。在这样刺激的地方与爱人牵手，才能体会到什么是生死相依，才会发现你有多么依赖身边这个人，多么舍不得放手。

如果你遇到了尼亚加拉大瀑布，请记下脑海中闪出的第一张面孔，那必定是你最牵挂的人。那人和瀑布，将一起成为你的独一无二。

接近天堂的地方，势如雷霆

1842年，狄更斯以旅美经历为主题写成的《美国纪行》出版，他在书中提到一处瀑布：

"我们走过瀑布地区的每个角落，从不同角度观赏瀑布……即使特纳在其全盛时期创作的最好的水彩画，也未能表现出我所能看到的如此清灵，如此虚幻，而又如此辉煌的色彩。我感到我自己像是腾空飞起，进入天堂……"

如此接近天堂的地方，就是横跨美国和加拿大的尼亚加拉大瀑布。

在遇到尼亚加拉大瀑布之前，你一定造访过不少名山大川，看过不少飞流直下的瀑布，你或许已经在感叹造物神奇，如何能把看似温柔平静的水流打造得如从壶中倾泻而出、气势如虹，你或许会想，也许是三两天神在天堂小聚饮茶，不小心打翻了水杯，那水倾泻而下，成了眼前的瀑布。但见识过尼亚加拉大瀑布之后，才豁

▲横跨在加拿大尼亚加拉大瀑布上的彩虹　　　▲日出时分的尼亚加拉大瀑布

▲美国境内的尼亚加拉大瀑布，与加拿大境内的"马蹄瀑布"形成不同的两种景观。"美国瀑布"急速倾泻，被谷底的巨大岩石接住，摔出了雪白的浪花。

然开朗，天神打翻的哪里是水杯，是整整一个天河。

那天河落入人间，变成了尼亚加拉河，它连接着伊利湖和安大略湖的湍流，南端是美国纽约的布法罗，北端是加拿大安大略的杨格镇，全长56千米，海拔从174米降至75米，落差99米，相当于30多层楼的高度。

河水在上游时还温婉优雅，多半是因为河面有两三千米宽的缘故，足够它徐徐而来，但在靠近伊利湖北岸时，河面忽地变窄，水流再也无法控制节奏，狠狠地加速，终于在美国和加拿大交界的地方碰到断崖，匆忙间呼啦而下，没有一刻停歇，带着巨大的水雾和雷鸣般的叫声，重重跌入谷底，从而造就了这震撼人心的尼亚加拉大瀑布的盛景。

最妙的是，这波澜壮阔的瀑布在美国境内和加拿大境内是截然不同的两副面孔。这要从一个小岛说起。

在瀑布的上端有个属于美国的小岛，只有350米长，它在古老的印第安文明里是酋长的墓地，所以有"天堂岛"之称。随着现代文明的疯狂发展，天堂岛也变成了稀松平常的土地，附近的农场主把成群的山羊赶到这里吃草。然而一场严寒，冻死了大部分山羊，只有一种公羊活了下来，于是小岛又更名为"山羊岛"。

就因山羊岛横在那里，才将河水一分为二，小岛东边的瀑布在美国，西边

▲ 美国风景画家弗雷德里克·埃德温·丘奇所创作的《尼亚加拉大瀑布》

的在加拿大。为了有所区分，人们便称呼在美国境内的尼亚加拉瀑布为"美国瀑布"，而在加拿大的部分因为是从马蹄形的断崖处倾泻而下，也便有了"马蹄瀑布"的名称。

美国瀑布宽330米、落差54米，奔腾而下时被谷底的巨大岩石接住，摔出了千万银花，卷起了雪白的波浪。然而在另一侧的"马蹄瀑布"，脚步更加急切，宽750米、落差52米，尼亚加拉河更多的水量聚集在这里，呼啸而来，如万马在绝壁上奔腾，争先恐后，互不相让，最后在谷底碎成朵朵水花，蒸腾起片片水雾，气势恢宏，令人敬畏。

旅程随行帖 〰〰〰〰〰〰〰〰〰〰〰〰〰〰〰〰〰〰

断流的大瀑布

2016 年，美国决定维修建立在尼亚加拉河上的桥梁，旧桥寿命已达百年之久，到了更换的年龄。纽约州立公园系统建议在3年内关闭"美国瀑布"，使其美国境内的瀑布断流，并将水流全都引到加拿大一侧。这就意味着，未来不久将可以在加拿大欣赏到水量更大、更壮观的大瀑布。这是名副其实的"百年一遇"的奇观。

"美国瀑布"，遮着"新娘面纱"，成就蜜月胜地

　　这样的磅礴，吸引的大抵是那些热爱冒险、钟情刺激的人，代表的应该是一种昂然独立的姿态和自由不羁的态度，然而在前往尼亚加拉大瀑布旅行的人群中，却以甜蜜温情的新婚夫妇居多，于是这里竟然安上了与其气质极为不符的"蜜月胜地"的头衔。

　　在150多年前，拿破仑的弟弟带着他的新娘到尼亚加拉瀑布度蜜月，亲眼见证了大瀑布的雷霆之势，却发现有一处瀑布，它在"美国瀑布"的旁边，不仅不凶猛，反而温和可爱，细流涓涓，薄雾蒙蒙，如同笼罩着一层薄纱，遮着新娘娇羞的面庞。他不觉为此沉醉，回国后便在皇室宣扬尼亚加拉大瀑布的美貌，从此掀起了一场前往尼亚加拉大瀑布度蜜月的风潮，并且一直风靡至今，就连美国前总统卡特夫妇也曾到此度蜜月。

　　这一处温婉的瀑布，便是闻名遐迩的"新娘面纱"。尼亚加拉河的河水在流向"美国瀑布"的时候，被旁边的罗纳岛分开，一面是"美国瀑布"，另一面便是只有80米宽的"新娘面纱"。

▲ "新娘面纱" 在 "美国瀑布" 旁边，尽管只有细细一缕，却自成一支，图为尼亚加拉大瀑布夜景。

▶ 在 "美国瀑布" 旁边有一个罗纳岛，水流又被其一分为二，分出了一条宽80米、落差50米的小瀑布，因其水流较小，飞落化雾如同一位带着面纱的新娘，故将靠右边的较小的一条瀑布称为 "新娘面纱" 瀑布。

　　然而对于浪漫的人类来说，这样远远不够刻骨铭心。于是他们在瀑布周围和水底设置了18盏强光射灯和水底射灯，夜色弥漫之后，灯光齐齐照射在瀑布上，形成巨大的彩色幕帘，如梦似幻，吸引着情侣们的目光。

瀑布下的 "雾中少女"

　　浪漫，属于情侣；起落，属于人生。

　　在经历了浪漫的爱情之后，终要回到有起有落的人生。于是离开 "新娘面纱"，自然是要更靠近大瀑布，最好能在瀑布之中穿梭一次，感受天河落入人间的跌宕气势，才不枉这千万里之外的一次追随。

▲俯瞰尼亚加拉大瀑布

◀由美国和加拿大联合经营的"雾中少女"号游船来往最为频繁,每天满载数百人前往瀑布。船上随船有配备的蓝色雨衣,供游人使用。

　　不管是美国,还是加拿大,都有这样的游船,专门为想跟瀑布亲密接触的游人服务。其中由美国和加拿大联合经营的"雾中少女"号游船来往最为频繁,每天满载数百人前往瀑布。从码头登船,穿好发放的蓝色雨衣,带着忐忑及天生对刺激的渴望之心,从平静的河面慢慢驶向瀑布。眼看就跟周围的白雾融为一体,这才想起"雾中少女"这个名字的贴切,也让人想起要追问这个名字的由来。

　　这是一个古老的传说:以前此地的印第安人和其他种族的祖先一样,对自然充满敬畏,认为一年四季、雨雪风霜、丰收饥馑都来自神的意志,想要更好的生活,就必须讨好神祇。于是每当丰收的年岁,他们就决定要送一位少女给神。这是关系到整个种族生存的大问题,所以在挑选少女上必须严谨,一定要听从神的旨意。酋长把全部落少女召集在一起,他手持弓箭朝天射出,箭头落在哪位少女的身边,就选她完成这个残酷却光荣的任务。

　　选中的少女被送上了独木舟,身边是鲜美的瓜果和丰收的粮食,她将和这些东西一起从尼亚加拉河的上游,顺水而下,最后坠入尼亚加拉大瀑布。从此之后,人们都说,那四处弥漫着的瀑布水雾就是少女们的灵魂。

　　这样一来,搭乘"雾中少女"号向瀑布靠近,倒是一个难能可贵的可以体会当时少女们惊恐绝望心情的机会。然而这一切杂陈的情绪,都在距离瀑布越来越近的行程中变成了紧张与震撼。耳边是瀑布发出的震慑人心的吼叫，并伴随着巨大的水花拍在身上，雨衣根本无力阻挡，头发、脸庞、手中的镜头全都湿得通透。人们不断的尖叫声，也迅速被急促的水声淹没。

如果你不愿进行这样刺激的冒险，可以选择去瞭望塔观赏。瀑布附近有4座瞭望塔，3座在加拿大——前景瞭望塔、天塔和恩淇朗塔，1座在美国——奥尼达瞭望塔。

与乘船相比，瞭望塔的角度都被国境限制，尽管加拿大有3座瞭望塔，但依旧只能观察到在该国境内的瀑布，美国也同样偏向本国。

然而远近之间，感受到的美感却各有千秋，近处有瀑布倾泻在自己身上的真实感，看得清水花溅起的瞬间，闻得到湿漉的雾气，像是与一个欣赏已久的人相拥在一起，看得到头发的分叉，闻得到对方的体香；远观则更像是欣赏一幅完整的画作，作品哪里最精彩，哪里有瑕疵，看得清清楚楚。人生也是如此，在远与近之间徘徊，风景各异，只有时刻抱着欣赏的心情，才不会被距离蛊惑。

▶百余米高的传统圆形"天塔"，是在加拿大境内的三座瞭望塔中的一座。

▲ 华尔街铜牛，是美国华尔街的标志，它是一座长5米、重6.3吨的铜牛塑像。被放置在与华尔街斜交的百老汇大街上，华尔街铜牛是"力量和勇气"的象征，寓意着只要铜牛在，股市就能永保"牛市"。

New York

相约**纽约**夏日，与你不见不散

　　纽约是一个道道地地的移民大都会，全世界各色人等都汇聚于此，羼杂在这个人种大熔炉内，很容易便消失了自我，因为纽约是一个无限大、无限深，是一个太上无情的大千世界，个人的悲欢离合，飘浮其中，如沧海一粟，翻转便被淹没了。

——白先勇《纽约客》

纽约，繁华的欲望之都

　　1994年，怀揣着美国梦的中国人看到了一部电视剧《北京人在纽约》，里面说道："如果你爱他，就把他送到纽约，因为那里是天堂；如果你恨他，就

▶夜幕降临时的纽约时代广场

把他送到纽约，因为那里是地狱。"纽约，就是这样一个城市，看上去黄金遍地，唾手可得，春风随便一吹就能塑造一个百万富翁，所以它是天堂。然而真正踏足这片土地，却发现黄金的确有很多，却不见得能赚到一毛钱，辛酸与无奈，折磨与纠缠，如同一场噩梦，所以它又是地狱。

时至今日，纽约依旧跟钱脱不了关系，人们提到它最先想到的是美国金融中心华尔街。所有电影中怀有雄心壮志的主人公，都在这里穿梭，忍受最冷漠的人情和最残酷的金钱斗争，同时也享受最极致的辉煌。人在这里，可以忍辱负重，也可以不可一世，所有的才能、抱负和野心，统统可以痛快释放且不加掩饰。

想走遍华尔街，是件简单也不简单的事情。简单的是，它不过是一条500多米长、11米宽的狭窄街道，旁边是气势逼人的高楼大厦，看上去是统一的严肃模样，混杂着一些骄傲。进出这里的人，多是类似电影《华尔街》中迈克·道格拉斯的样子——眼神敏锐，脚步永远匆匆，脸上是日复一日的机警，似乎稍稍放松就会失去生存机会。

他们每天都加班到很晚，甚至连家都回不了，下班后去健身房锻炼之后就继续回去加班，所以咖啡是这条街道上最常看到的东西。此时抬头看看那被高楼大厦挤成一条线的蓝天，也有些压抑地透不过气来。

不简单的是，又窄又短的华尔街囊括了整个美国，乃至全世界最著名的金融机构——纽约证券交易所、纳斯达克总部、美国证券交易所、纽约期货交易所等，以及摩根财阀、洛克菲勒石油大王、杜邦财团等开设的保险、银行等企业的总部。华尔街不仅仅是一条街，而是一种影响力。它的一声咳嗽，就会让全球经济感冒。

它是如此赤裸裸地崇尚金钱，在这里行走总能闻到金钱的味道，就像电影《华尔街之狼》里那样，也充斥着人性的贪婪。

不过在对金融完全不感兴趣的人眼中，这条街道拥挤得令人难受，恐怕也

只有街边的那头铜牛还有些趣味。不可否认，华尔街的铜牛比纽约证券交易所更受游客欢迎。

它诞生在意大利艺术家狄摩迪卡的手中，全长5米，重6.3吨。1987年，纽约股市崩盘，整条华尔街陷入哀号，美国经济面临重创，很多人一夜间从富翁变成负债累累的穷光蛋，垮台之后的绝望让他们一蹶不振。为了鼓舞人心，狄摩迪卡决心打造这尊铜牛，以愤怒的眼神，亟待奔跑的姿态，代表"美国人的力量与勇气"。

他花了2年时间，卖掉了故乡农场的一部分，共筹集资金36万美元，终于在一个午夜将铜牛立在了华尔街附近的博林格林公园。

不知从什么时候起，传言抚摸牛角可以带来好运。于是每天都有游客来这里摸牛角，导致牛角尖端亮得如同一面镜子。只是不知这面镜子，能否照出贪婪的人心。

除了金钱，也谈艺术

如果你认为纽约只是钱的代名词，只能证明你不够了解这个城市。就在与

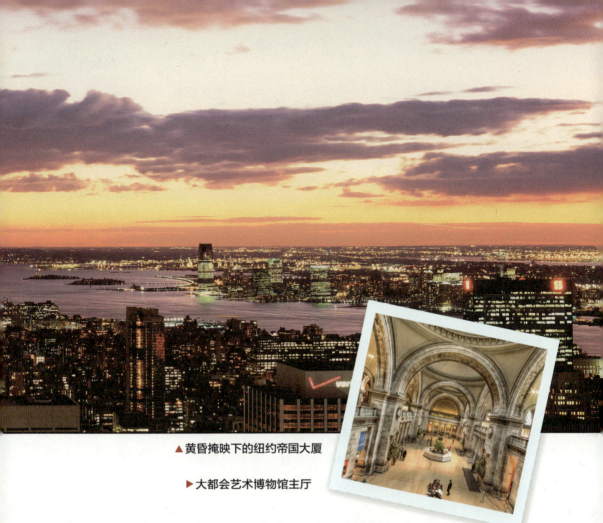

▲黄昏掩映下的纽约帝国大厦

▶大都会艺术博物馆主厅

华尔街相接的地方，是世界文艺工作者都梦寐以求的舞台——百老汇。

百老汇，全名百老汇大道，是一条贯穿曼哈顿的南北大道，长25千米，街道两旁有几十家剧院，最早的一家大概建立于19世纪初期。最繁华的时候，这条路上有过50多家剧院，每天马不停蹄地上演各种音乐剧、戏剧。即便是在战争时期，这里也从未凋敝过。

久而久之，百老汇成了美国戏剧的至高舞台，恐怕没有一个喜欢演戏的人不想在这里演出。而这里也的确捧红了许多戏剧人，像出演《音乐之声》《公主日记》的朱莉·安德鲁丝，还有创下世界音乐剧之最的《猫》《歌剧魅影》的音乐制作人安德鲁·劳埃德·韦伯。

时至今日，好莱坞影星都钟情于回到百老汇的舞台进行演出，比如休·杰克曼、丹尼尔·雷德克里夫、斯嘉丽·约翰逊、詹姆斯·弗兰科等。对他们来说，站在百老汇的舞台上不是玩票，而是一次对自己演技的磨炼和提升。

百老汇最热闹的地段集中在时代广场附近，在这里似乎随时能看到《鸟人》中里根·汤姆森推开剧场的大门走出来，又期待着《子弹横飞百老汇》中偷情的男演员从奥利弗的窗口跳下来，被人围着要签名。戏剧和人生在这里混在一起，刹那间分不清哪里是舞台，哪里是人生，自己是在表演，还是在看秀。在这里，一切爱恨情仇，终于有了安置的地方。

如果你认为百老汇高雅却有些老派，不够刺激和热情，那么就转身到林肯中心，那里有一群热爱音乐和表演的人，正在炎炎夏日的晚上，围绕着喷泉广场举行一场疯狂热闹的音乐会——仲夏夜摇摆之夜，这是纽约最热辣的户外音乐会，上千名表演者在这里尽情舞蹈和欢唱。你可以在人群中挥舞手臂，随着节奏跳起来，完全不必害羞，更不必担心会被视为异类，因为你周围的人，都是这样的情不自禁。

也许你会遇到一个跟你跳着相同舞步、哼着同样旋律的人，你们只是对望一眼，就有一种情愫暗生。倘若你看过汤姆·汉克斯和梅格·瑞恩主演的电影《电子情书》就知道，作为纽约最令人向往的住宅区，林肯中心附近似乎一直在上演优质男女美好邂逅的故事。

看够了表演，想暂时忘掉那些节奏，安安静静地进行一次艺术上的升华，那就请留出一段时间，到大都会美术馆、古根汉美术馆、现代美术馆，去欣赏每一件震惊世界的名家之作——凡·高的《星夜》、卢梭的《睡着的吉卜赛人》、塞尚的《生命》、马蒂斯的《红色画室》、毕加索的《亚维农之夜》……那些你能说得上名字的艺术家作品，全都在这里。

▲ 黄昏时分的林肯中心，表演艺术家们会在仲夏夜时分在这里举行非常美妙的音乐会，会有成千名表演者在这里尽情舞蹈和欢唱。

最熟悉的陌生风景

当然，来到纽约，就不能不去看那些耳熟能详却从未谋面的风景，自由女神像、中央公园……

自由女神像，在曼哈顿外海的自由岛上，需要早一些在炮台公园的柯林顿城堡买前往自由岛的渡轮票。只有靠近雕像，才能发现它真的非常巨

▲ 俯瞰美国自由女神像

▶ 美国自由女神像

大，数据显示，它高46米，加基座93米，重225吨。1876年，为了纪念美国独立战争，法国花10年时间打造了这尊金属雕像送给美国，代表美法友谊，也象征着美国人对民主自由的不懈追求。

雕像内部有旋梯，可以登梯而上，直接抵达雕像的顶部。登高而望，那些代表现代文明和高度经济的高楼大厦成为微缩的版图，镶嵌在海面上，看不出一点骄傲，只剩渺小。人生同样如此，只有站在高处，才能发现原本不顾一切去争抢的东西多么微不足道。

事实上即便不去自由岛，也能看到自由女神像。它身处航线附近，凡是乘船进出港口的旅人都能看到她那高高扬起的手臂，连着天空的火炬，庄严的面孔，眼睛直视前方，优雅而刚强，似乎能打碎一切强权。很多旅人会在船上向她挥手，或激动地问好，或恋恋不舍地说声再见。假如是夜晚航行，很远就能看到火炬闪烁的灯光，那是不息的自由之火，足以照亮每一个在自由路上拼搏的英雄的心灵。

从自由女神像回到纽约市中心，身体或许会有些疲累，最好是有那么一处鸟语花香的地方可供歇脚。没有比中央公园更适合的地方。

中央公园建自1857年，当时的纽约政府希望有一片绿地，能成为都市人跟自然亲近的地方，于是留出3.4平方千米的空间，种植了大片的绿植。正如政府期盼的那样，中央公园落成之后，很快成为纽约人的后花园，他们在这里约会、野餐、运动、过家庭日，以清扫情绪的垃圾，缓解生活的压力。

这里一年四季有不同的风景，春天姹紫嫣红，夏天绿荫蔽日，秋天枫叶如火，冬天银装素裹。去那里坐一会儿，就知道为什么《老友记》里，六位老友经常聚会的咖啡馆叫"中央公园"，因为中央公园真的是放松身心、消除人与人之间戒备的天堂。

观赏了风景，欣赏了戏剧，纽约之行还不能画下句号，因为没有人来纽约却空手而归，即便你是个禁欲主义者，对物质不屑一顾，你身边也一定存在那么几个亲朋好友，写了长长的购物清单，嘱托你一一买来。

第五大道，血拼天堂

与第五大道的初次相识，多半是在电影《蒂凡尼早餐》中，奥黛丽·赫本每天早上在第五大道的蒂凡尼橱窗前，一边吃着早餐面包，一边看着玻璃那端的珠宝首饰，想象着有一天，能坐在里面吃一顿属于上流社会的早餐。

旅程随行帖

格林尼治村

位于曼哈顿下城区的格林尼治村，是纽约最大的艺术工作者的聚集地，从爱伦·坡、马克·吐温到惠特曼和鲍勃·迪伦，这些被世人称为"鬼才"的人都曾住在这里。

在19世纪初期，这里是都市人为了躲避黄热病而开辟出的临时住所，后来演变成政治反派、前卫艺术家、激进知识分子的大本营。在最热闹的20世纪60年代，这里每天都晃荡着身着奇装异服的号召"开放人生"的音乐家、文学家、画家，他们白天在街边嘶吼，晚上在酒吧颓靡，过着虚幻的人生，然而却不断创作出改变世界的音乐、文学作品、画作。他们被称为"垮掉的一代"，却是最有影响力的一代，更是让格林尼治村名声大噪的一代。

▲纽约第五大道，建筑高耸，鳞次栉比。

追随奥黛丽·赫本的脚步，踏上位于曼哈顿中轴线上的第五大道，才体会到她为何对这里那般痴迷。这里几乎聚集了整个美国最著名的珠宝、服装、化妆品、皮件，随便说一些就遐迩知名，路易威登、迪奥、蒂凡尼、卡地亚、古驰、范思哲、香奈儿，还有在时尚圈赫赫有名的布克兄弟、铁狮东尼、哈利·温斯顿等。在别处找不到的品牌、款式、颜色、限量版，在这里可以一网打尽。

当然，第五大道不仅是血拼天堂，还有曾是全球最高摩天大楼的帝国大厦。你对它一点都不陌生，你曾在大荧幕上看过金刚在这里为心爱的女人战斗，也曾看到年轻的汤姆·汉克斯和金发飞扬的梅格·瑞恩在帝国大厦顶层相会的奇妙缘分……好莱坞有超过100部电影都曾在这里取景。在帝国大厦，体会的不只是378米的高度，还是一种跟电影、爱情息息相关的触动，心里大概会不断涌出同一个念头"想要某人在身边"。

不知是因为已经有这样的固有印象，还是帝国大厦故意想成全有情人，才设计了许多灯饰，按照不同的节日亮出不同的颜色，情人节是红色和白色，国庆节是红色、白色和蓝色，圣诞节是红色和绿色。总之，这是个容易催生荷尔蒙的地方。

纽约就是这样一个集金钱、时尚、艺术于一体的地方，不管出于哪种企图去那里，都能得到相应的满足。

Topic

全球最美消夏海岛

人生总会有那么一个夏日，想到别人生活的地方看一看，想去真正地享受那热辣的阳光，这种情况下没有比沙滩、大海更好的地方了。

塞舌尔

塞舌尔在热带国家中的名气并不大，直到威廉王子和凯特王妃来这里度蜜月，它才第一次如此受人瞩目。人们才了解到，这个国家有115个小岛，有胜过马尔代夫的清澈海水和细腻沙滩，还有从未被开发过的热带雨林。

正是因为不为人所知，所以这里被保护得很好，鲜有游客前往，因此具有极高的私密度，所以才成为名人度假的首选。除了威廉王子，贝克汉姆夫妇也曾在这里度过结婚10周年的纪念日。

仙本那诗巴丹岛

仙本那是一个被海水包围的城镇，它和它的许多附属岛屿，皆是如诗如画的梦幻之岛。令仙本那名扬世界的是被誉为"神的水族箱"的诗巴丹岛。诗巴丹岛是一座深海岛屿，从600米深的海底垂直伸出海面，因此，在岛上5米的浅滩之后，便是600米垂直的湛蓝深海，是世界五大峭壁潜水之首。诗巴丹岛有12个潜水点，每

个潜水点几乎都有独具特色的海底奇景,难怪有那么多的潜水爱好者来此"朝圣"。此处的海狼风暴点是世界上最好的观看海狼风暴的地点之一,在此潜水,需要准备一个流钩,将自己固定在悬崖上,以便观看海狼风暴的奇景。在这里可以看到杰克鱼群、隆头鹦鹉鱼群以及数以千计的燕鱼在面前翻飞的壮观景象。

塔西提岛

　　位于南太平洋的塔西提岛,又名"大溪地",是明星和摄影爱好者最钟爱的海岛。在这里可以寻找复活岛上的巨人石像,可以给鲨鱼喂食,可以在蓝色的潟湖上漂流,可以在水上房屋里与海同眠⋯⋯它做了与其他岛屿不能比拟的最大胆的尝试。

汉普顿

　　汉普顿在纽约州长岛的东部，从曼哈顿开车前往大约需要 2 个小时，是距离繁华都市最近的消夏海岛。这里不仅有海水、沙滩、美女，还有一批前卫的艺术家——新印象主义的第一批画家就在这里生活。因为沾染了艺术的价值，所以这里的消费档次比较高，被视为上流社会的后花园。也同样是因为有艺术的衬托，来这里度假的上流人士不仅有钱，还非常有品位。于是在纽约，判定一个人是否有地位，就要看他是不是在汉普顿有一栋豪宅；而看一个人是否能跻身上流社会，就要看有没有人邀请他到汉普顿参加派对。

楠塔基特岛

　　对于楠塔基特岛的印象，停留在赫尔曼·麦尔维尔的小说《白鲸》之中，一个偏执狂在海上的历险，映透着赫尔曼青年时在海上捕捞鲸鱼的工作经历，然而抨击的却是资本不择手段的扩张和道德的沦丧。在小说的开篇，就提到了楠塔基特岛。小说留给人们的印象太沉重，导致人们对这个海岛没有什么好感。可事实上，这是个充满活力的海岛，有美丽的日落，有浪漫的灯塔美景，有刺激的冲浪项目，有狂热的艺术表演，可以说是非常接地气又充满美景的海岛。

弗雷泽岛

　　弗雷泽岛，本意是"天国"，它真的如同天国一样独立在海洋的中央，有一种天生的孤独气质。

　　弗雷泽岛在澳大利亚昆士兰北部，是全球最大的沙岛，而且沙化面积还在每天增大，或许有一天，这里的树木、河流、湖泊，都会变成沙土。然而正是如此，这里才有了许多别的海岛没法设置的沙地项目，比如在沙地公路上体验驾驶穿越的乐趣，以及在沙滩上起落的观景飞行。明明是海滩，却有沙漠的孤傲，全世界，也只有弗雷泽岛。

Chapter *3*

在秋天，收获最美

苏格兰高地，这辈子一定要看的秋色

从冰河世纪穿越而来的海风，如同一双温柔的手，抚摸着高地上童话般的世界。

深绿色的草原与镶嵌在天边的粉红色云朵相呼应，在苍茫的大地上，苏格兰湖泊如同一颗颗明珠，时时映照着变幻莫测的苍穹。当秋日来临，寂静而又壮阔的苏格兰高地上传来如泣如诉的风笛声，舒缓起伏，苍凉而又坚韧，恰如苏格兰民族那永不磨灭的诗意灵魂。

硬朗荒原，苍莽之歌

在欧洲，你很难再找到像苏格兰高地这样的荒原了。当你穿过了梦幻一样的罗蒙湖和翡翠一般的山坡，进入到荒凉苍郁的苏格兰高地，一定会被它独特的原始气质所震撼。

远离现代文明的浸润，苏格兰高地的西北侧有应该是苏格兰最高的山峰本内维斯山和神秘的古城威廉堡，而洛恩湾就像是不舍离去的一双手，远远地伸向了内陆。由于极地气候的独特影响，让苏格兰高地既获得了蓝色海风温柔的抚慰，又拥有了瑰丽又变幻莫测的荒原风景。这里有美不胜收的峡谷，更有异彩纷呈的湖泊；这里有苏格兰男人的粗犷，也有女人的幽冷。在这片孤寂的茫茫荒原上，有着苏格兰民族气质中最独特的一面。

构成苏格兰高地画卷的主体便是这里尽显粗犷风格的山峰了，它很粗莽，但却不险峻，光秃秃的山峰在千万年雨雪的冲刷之下显露出条条沟壑，站在远处观望，恰如与一个半裸着上身、露出坚韧筋脉的男人对视。山顶上，由于低温的原因，还有许多残存的积雪，混在黑色的苔藓之中，展示着高地的极地地貌。而山腰上的苔藓多半是青色的，依伴着嶙峋的山石，显得有些孤傲和冷峻，却又如一个饱经沧桑的老人正在回忆遥远的时代。待到目光行至山下，一片黄绿相间的青草之中，小小的白色花朵星星点点地落在其间，在风中摇曳着纤细的腰肢，似乎是在呼唤远方的云朵快点归来，让温暖的阳光笼罩它娇嫩的脸庞。

▲苏格兰山岳地带，湖水映照着高山，树木青葱，硬朗中夹杂着柔情，苍茫中也伴着些许浪漫。

荒原画卷上，树木似乎是难得一见的孤行者，就算是偶尔看到一两棵，也显得瘦骨嶙峋。就算是在夏日里，似乎也没有枝繁叶茂似的勃勃生机。不过，在山间峡谷之中，却有很多湖泊与小溪流，与整个高地的气质相符，它们不会显得温柔甜腻，而且也没有鱼和鸟的相伴，却在旷野之中引人沉思遐想。

传奇故事，英雄史诗

苏格兰高地独特的地理位置，让它拥有了不同于其他地域的山水之美。平缓起伏的山脉并不高，也没有突兀的气势；山脚下大片的荒原之中，散落的巨大圆石和干净的水流映衬出苏格兰的原始风貌。一切都那么安静，低低的云层之下，或晴或雨的天气让这份静谧呈现出另一种精彩。空旷得让人压抑，寂静得那么奇妙，这一切都是造物主对于苏格兰高地的偏爱和赐予。

人烟稀少的苏格兰高地虽然并不繁华，每平方千米仅2.4人，但历史却从来没有将它遗忘，古往今来有数不清的传奇故事发生在这片神秘的土地上。当年，觊觎王位的苏格兰王子为了复辟斯图亚特王朝，于1745年在荒原西部的玛莱格发动了詹姆斯党人的叛乱，14个月之后，一败涂地。苏格兰王子不顾詹姆斯党人的哀求，毅然消失在了荒原之中，从此杳无音信。

13世纪末、14世纪初，英王要吞并苏格兰，使得苏格兰与英格兰的民族矛盾不断激化。在这段苏格兰民族独立运动的峥嵘岁月中，威廉·华莱士横空出世，他接过了父亲反对英格兰战争的旗帜，热烈追求理想，在爱人被英格兰贵族杀害后，率领当地苏格兰人宣布起义。由于叛徒出卖，华莱士悲惨就义。在行刑时，他高喊着"自由"，英勇献身。这个不朽的灵魂在苏格兰高地上振翅高飞，刀光剑影的战争和缠绵悱恻的爱情伴随着荒凉孤寂的荒原风景，成为人们心目中永恒的眷恋。著名导演梅尔·吉普森将这段史诗搬上了大银幕，荒原的悲凉和英雄命运的悲凉成就了1996年第68届奥斯卡金像奖的辉煌，这就是电影《勇敢的心》。

▲爱丁堡城堡外的华莱士雕塑

城堡峡谷，神秘湖泊

在《哈利·波特》系列电影中，蒸汽火车在高原山脉之中穿梭而过，魔法师们酣战之后曙光穿过阴云与浓雾照耀而来，以及许多让人赞叹的、充满了魔幻之美的山川镜头，几乎都来自苏格兰高地。这里潮湿的空气、桀骜不驯的山水充满了让人捉摸不透的魅力，不管是绵延起伏的峡谷洼地，还是隐匿在山川之中如同霍格沃兹魔法学校一样的城堡，都吸引着人们不远万里而来。

苏格兰高地的标志性山峰是本内维斯（Ben Nevis）山，这座海拔1343米的山峰也是英国最高峰。在盖尔语中，Ben是"山巅"的意思，而Nevis则是"天空"之意，Ben Nevis的意思便是"云中的山峰"。之所以会有这样一个名字，是因为本内维斯山每年有300多天都笼罩在浓浓的云雾之中。山峰所在的葛伦科峡谷自东向西，穿

▲ 葛伦科峡谷的日落时分

过山脉起伏的山口，是从高地腹地一直到中部低洼地带的通道。低矮的绿草和苔藓覆盖着峡谷的地表，稀疏的植被从苍凉的石缝间长出，峡谷里到处都是裸露的岩石，在清冽的空气和萧瑟的温度下，点缀着斑驳的大地。

在大文豪狄更斯笔下，葛伦科峡谷是"圣人们安葬的地方"，不仅源于它的苍凉壮美，还与这里悲壮的历史有关。詹姆斯一世在位时，坚持天赋神权，与议会水火不容，他的儿子查理一世即位后，其独裁统治让矛盾进一步激化，冲突升级后议会军和王军发生内战，导致1649年查理一世成为英国历史上唯一被处死的国王。此后，经历了"光荣革命"的洗礼，查理一世的重孙女玛丽与其丈夫威廉统治期间，对天主教徒进行了严酷压制，发生了残酷的葛伦科大屠杀，苏格兰的葛伦科·麦克唐纳氏族甚至被终结了氏族生命，他们的悲鸣回荡在山谷，警醒着藏身于山谷中的族人不要忘记历史的遗训。

作为冰河世纪最后的一个据点，苏格兰高地孤寂且固执，凄美又充满了浪漫气息。在海神为高地开掘出来的长长海沟洛恩湾之时，大西洋澎湃的浪花和温润的海风让荒原之上也有了威廉堡这样的明珠。

威廉堡是苏格兰高地上独特的存在，本内维斯山如同一位巨人般为它挡住了北方的寒流，大西洋的海风又为古堡带来了海洋式温润的气候，走到这里，荒原的苍莽之感立刻散去，土黄色的教堂拔地而起，灰瓦白墙的小房子依山傍水，错落有致地布满山坡，在绿树的掩映下显得生机勃勃。古堡里有平整的石

▲苏格兰海拔1343米高的本内维斯山，是苏格兰标志性山峰，也是英国最高峰。

◀**苏格兰三姐妹山**

板路和整齐的街道，还有充满历史韵味的小楼与熙攘的人群。早在17世纪，威廉三世就在这里建造了城堡，用来抵御侵略和海盗。工业革命之后，铁路修到了高地荒原之中，城堡虽然已经在19世纪末被拆除，但遗留下来的坚固地基和逶迤伸展的残墙，依稀可见当年的规模与气派，而这座古堡所在地也成为西部荒原铁路线上最重要的中转站，数百年来支撑着古堡和附近地区的发展。

在苏格兰，不管湖泊大小都被称作Loch，大名鼎鼎的尼斯湖也不例外，被称为Ness Loch。1934年4月，伦敦医生威尔逊来到苏格兰高地大峡谷断层，在尼斯湖拍摄到一个类似蛇颈龙的生物，掀起了人们对于尼斯湖水怪的猜测，也让这座英国内陆最大的淡水湖泊成了人们关注的焦点。

尼斯湖位于横贯高地的大峡谷北端，长39千米，宽2.4千米。虽然湖泊面积不大，但却非常深，平均深度达200米，最深处可以达到近300米。在寒冷的高地上，这里湖岸陡峭，树林茂密，而且终年都不会结冰。由于缺乏水中植物，

▲苏格兰格拉密斯城堡

湖底深处又靠近海岸线，所以尼斯湖的水位波动很大，夏季时距离水面30米内的水温可达12℃，但30米以下的水温却依旧保持在5.5℃。长期以来，人们都相信尼斯湖底并没有任何生物存在，但在水怪之谜后，却有科学家在1981年发现了北极甲鱼的身影，让这片湖泊又增添了一丝神秘。

行至湖畔，在充裕的午后阳光照耀之下，你会看到一片深蓝的湖水，映衬着灰色基调的蓝色甚至比海水颜色还要深。由于湖水的能见度不高，与湖岸相接的地方才能隐约看到湖底的石头，而四周环绕的山丘虽然气势威严，却依旧不能胜过湖水的磅礴。只要站在湖畔，周边的景物似乎都会失去些光彩，因为纵然这湖水并没有讨巧的透亮与清澈，也足以用它的神秘和气势抓住你的眼球，引发你的遐想。

风笛悠扬，魂灵不死

在各种各样神奇的传说渲染下，苏格兰高地的蛮荒苍凉成为更加迷人的所在。尼斯湖深处那个见首不见尾的神秘水怪，斯凯岛浓雾之中若隐若现的妖精发出的迷人歌声，还有赫布里底群岛之中处处存在着的行走的石头和歌唱的沙，以及格拉斯哥的古堡里游荡的无所皈依的鬼魂，这些传说都让苏格兰高地充满了原始气息。这也就难怪哈利·波特要来到这里修炼魔法，而达·芬奇的密码也要在这里才能被解读。

石楠花是苏格兰高地常见的植物，它坚强生长，不屈不挠，恰如苏格兰人

▲苏格兰爱丁堡城堡

那固执的个性。在这片贫瘠的土地上，要想维持生存，必须做大地最忠诚的守护者。从17世纪古战场遗留的痕迹就可以看出苏格兰人的刚强，从高原清冽的风声里，依旧可以听到为英雄们奏响的风笛。

当历史的烽烟逐渐散去，当年的城堡之中还刻画着岁月的痕迹，而在这片苍凉的大地上，它的主人曾经是谁，未来又是谁，已经不再重要。苏格兰人和英格兰人在这里生存着，石楠花也每年如约盛开，人们在悠扬的风笛声中回归到平静的生活，在这片神秘的土地上开创和平与自由的家园。亚当·斯密、史蒂文森、瓦特、柯南道尔等，这一串串家喻户晓的名字不仅改变了英国，更推动了世界的变革，如果没有来自这片高地的倔强的苏格兰人，他们就不会出现在历史画卷之中，而格子裙、威士忌和高尔夫也不会将苏格兰人的传奇带向全世界。

▲ 许多人将苏格兰高地称为欧洲风景最优美的地区。

▲ 秋天时的苏格兰高地

 旅程随行帖 //////////////////////////////////

苏格兰高地运动

　　在苏格兰有一项历史悠久的风俗，那就是苏格兰高地运动，这项比赛起源于 14 世纪，将喝酒、跳舞、美食等活动结合在一起，成为一项代表着苏格兰精神的活动。苏格兰高地运动本来是为了给当时的王室和庄园主选拔保镖，所以项目以比武艺和力量为主，是一场让人热血沸腾的大比拼。在这个运动会上，还有一个独具特色的项目，那就是投掷树干，运动员必须将重达 65 千克的树干扔出去，并保持姿势优美，保证让它垂直着地。此外还有扔木棍、扔铁块、摔跤和投标枪等项目。进入现代之后，运动会还加入了自行车和田径比赛。同时还有与艺术相关的比赛项目，青年女子拿着刀枪棍棒表演舞蹈，同时也借此练习防卫技能。每年 9 月份，在巴尔默拉尔城堡中举行的高地运动，英国王室成员都会到场。

英格兰湖区，是诗，是画，是天堂

在英格兰北部，一片明净的山水让英国文学陡然生辉。

水是这里的灵魂，山峦也是不可或缺的支撑，润泽这片土地的自然也包括被现代生活扰乱和伤害过的心灵。这里的山山水水都被湖畔诗人们深情地吟咏，作为第一个入选"环球绿色旅行地"的去处，英格兰湖区是英国最负盛名的旅游景点，也是"英国人的后花园"。

油画一般的心灵之乡

英格兰湖区的美似乎从来都不是喧嚣的，而是那么的沁人心脾。这里汇聚了英格兰最大的湖泊和最高的山峰，汇聚了英格兰的所有美景，如同人间天堂般美不胜收。英格兰湖区用高远的蓝天、浓郁的树木、薄衫一样的晨雾和仙境一般的视野勾勒出了英国人心目中的天堂。

湖区位于英格兰西北部，总面积有40多平方千米，但却错落有致地分布了16个大小不等的湖泊。美国《国家地理》杂志曾经盛赞这个地方，称之为"一生必去的50个地方之一"。从伦敦尤斯顿火车站出发，经过3.5个小时就可以抵达奥克森霍尔姆，在这里换乘湖水线列车，再经过20分钟就可以抵达湖区的门户温德米尔镇。这座小镇显得

◀ 在湖区国家公园俯瞰温德米尔湖

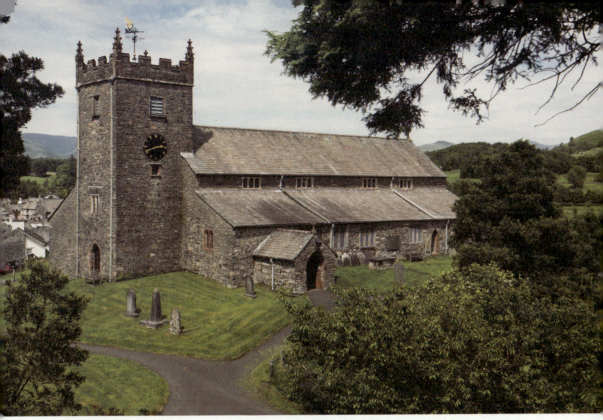

▲霍克斯黑德小镇的教堂，建于1300年，重新修建于16世纪。

那么亲切，每年到了夏秋季节就会有许多人蜂拥而至，古老的家庭式旅馆为游客提供了舒适的居住环境，小餐馆里也可以品尝到家庭式传统炸鱼和美味的薯条。你可以泛舟湖上，也可以信步游走在小镇的街道，在所有的国家公园里，这里算是最开放、自由的风景区了。虽然这里有双层巴士，但对于热爱这片土地的人来说，最佳的方式是徒步行走，饱览沿途壮美的自然风景。

除了温德米尔镇之外，湖区还有很多迷人的小镇，它们各有特色。霍克斯黑德小镇是湖畔诗歌的诞生地，著名诗人华兹华斯曾在这里学习；安布塞德小镇则是游览湖区的最佳起点，每年7月的第一个星期六，这里会有别具特色的灯芯草节，吸引无数人前往；凯斯维克镇是湖区北部最大的维多利亚风格城镇，这里的周末集市热闹非凡，不可错过；卡莱尔镇靠近苏格兰界，是哈德良长城的前哨；而博罗代尔湖和与之相伴的峡谷则是湖区西部最安静的去处，这里更是水彩画家心目中的最佳取材地。光是在这几个小镇行走，就足以让游客流连忘返。

行走湖区有两条经典的徒步路线，其一是从卡莱尔镇出发，途经凯斯维克镇，最终到达乌尔佛斯顿，总行程有110千米。而另一条道路则是从大西洋海

▲格拉斯米尔湖的秋天，层林尽染，一片芳华。

岸到北海海岸的步行道路，横穿了整个湖区、约克郡的德尔斯以及约克郡北部的荒原，这条线路长达306千米。要想寻找绿野仙踪，这两条路线都是不错的选择，因为政府已经对它们沿途做了十分详细的指引，将会保证你安全穿越公共或私有领地，领略湖区美景。

盈盈一水间，诗意盎然

传说，这个星球上的每一个湖泊都是造物主的眼泪。如果这是真的，那么英格兰湖区的湖泊就是造物主最最晶莹的泪滴。在这里，水是一切灵气的源头，不管是广阔的温德米尔湖，还是小巧的格拉斯米尔湖，都让人忍不住赞叹大自然的匠心独具。

湖区的美让人内心平静，不管走在哪儿，你都可以看到一幅宁静的画面，远处山谷里有潺潺的流水声，树林里也传来了阵阵鸟鸣，炊烟混着木柴燃烧的味道随风四散，正是这种湖光与山色交相辉映带来的祥和之美，让人得以思索美、感受美，自然也就能体会到天地之间的大美而不言。

"智者乐水"，古人对于自然之美的概括并不是没有道理。湖区几乎汇集了西方所有诗人的足迹，从华兹华斯到柯勒律治，他们有着自己的名字——湖畔诗人。有人感叹，如果没有这些诗人前来采风，也许英格兰湖区只是一处不知名的乡下水泊。但事实上，如果没有英格兰湖区的美景，世上又会损失多少浪漫的诗歌，更不会有"湖畔诗人"的美名。

华兹华斯曾经说："我不知道世界上还有什么地方能够在如此狭窄的范围内，在光影的幻化之下，展示出如此壮观而优美的景致。"作为与湖区密切相关的诗人，华兹华斯对它的称颂并不为过。这位1770年生于英格兰北部昆布兰郡的英国诗人，被湖区的美景所吸引而定居于此，这里的自然之美让他开始关注人类精神与大自然的交融，创造出了一种崭新的诗歌风格，开创了英国文学史上浪漫主义诗歌的新时代。华兹华斯在这里生活、结婚生子，死后也和家人一起葬在了格拉斯米尔小镇一间小教堂的花园里，他将自己的生命都融入了这片诗意的山水之中。

除了华兹华斯，碧翠丝·波特也是一位受到湖区之美感召而留名史册的艺术家，她于1866年出身于维多利亚时代的一个贵族家庭，喜欢用绘画来表达自己对周围世界的观察和想象。当波特来到湖畔，不仅与这片山水结缘，而且也获得了自己的爱情。这里清澈见底的湖泊、绵延不绝的山峦和色彩斑斓的树丛都给了她灵感，让她创作出了著名的"彼得兔"系列的儿童读物。空灵的山水让波特的童心得到释放，"彼得兔"系列童话也因此成为畅销全球一个多世纪的经典读物。

许多诗人、艺术家都曾经被湖区的诗情画意迷住，与华兹华斯齐名的湖畔诗人柯勒律治，曾经与他一起比邻而居，他们一同在湖畔散步，切磋诗句，用最优美的词汇赞美这片山川；早于华兹华斯的诗人托马斯·格雷也曾经居住在这里，他尤其钟情于温德米尔湖的景致；浪漫诗人济慈也曾经来到湖区，他用优美的语言写信给朋友，描绘这里的美景，并且称赞说这是"从伟大的现实中得来的美"。

遥远的风笛声随风而来，极目远眺，原野、小桥、人家在湛蓝的天空下自成一幅优美的图画。闻着威士忌的酒香，沉浸在英格兰特有的休闲世界，看着两岸渐浓的秋意，循着田野小径自在游走，每条道路都可以通向一个美好的未知世界。这一切不寻常的景致，充满了诱惑，在每一个渴望亲近自然的人眼中，竟会带来一种莫名的感动。

时间在英格兰湖区几乎是静止的，不管外面的世界发展变化得有多迅速，这里依旧保持着200年前的风貌，恬淡安宁的小镇似乎不敢惊动这座时间长河里坚持自我的城堡。在日益城市化的今天，湖区内的石屋显得那么平凡却又闪耀着历史的光辉，保持着遗世独立的独特气质，郑重地宣告这里的自然与静谧。

而人们追寻着诗人的脚步，他们用双脚探寻，享受这片山水的方式也依旧和华兹华斯时代保持着一致。每当秋日来临，这里便是漫步者的天堂，许多快乐的步行者为这里踩踏出许多条小路，在这片安宁的绿洲，他们逃离城市的喧嚣和浮躁生活，来此地感受自然的恩泽。

如梦如幻，让心宁静

秋日里的英格兰湖区与童话世界最为接近，落叶铺满了一条条小道，金黄或深红色的树冠点亮人们的眼眸，而远处的密林则更加重叠变幻，就好像凡·高的画一样夺目。湖面上，水汽氤氲成了一片雾色，清澈的微波微微地荡漾着涌向岸边，又轻轻地退回到湖中去，湖面上还有一片片白帆掠过，就算是湖畔一处不起眼的斑驳的栅栏，似乎也可以圈住一段惬意的时光。

许多人都说，英格兰湖区的美是自然美景与人文底蕴相融合的成果，让人们陶然沉醉其中。在温德米尔湖，开阔的水面迎着秋日清晨的阳光，在你的眼前展开波光粼粼的画卷，或许你真的可以为了享受这样一个美妙的早晨而忘记了世间的一切烦恼，恰如诗人济慈称颂温德米尔湖"可以让人忘记生活中的年龄和财富区分"一样，它确实有这样的魔力。而德温特湖却又不同，它四面环山，其中的一面有较缓慢延伸的山坡，牧羊人将那里当作天然的牧场，逆光望去那些卧在山坡上的绵羊如同镀金一般。偶尔有树叶落在湖面，打破了如镜的安详，而水波微微泛起，好像是一幅翠绿的水彩画。

行过湖畔，你不能错过湖区周围的丘陵。在崎岖的丘陵上，土壤像是被人精心耕犁过一样，呈现出整齐的波浪状，覆盖着绿色或棕色的野草。丘陵隔开了蔚蓝而又平静的湖水，又让湖水变成了急流，发出潺潺的水鸣。诸多的水鸟都在丘陵找到了家，让这里显得更加和平而安宁。

在这样壮观的景色中，人们通常不喜欢驾车，最流行的赏景方式自然是步行，而跑山也就成了来到英格兰湖区的独特运动。所谓的"跑山"是指人们在这里的大小丘陵之间来回奔跑，既可以呼吸清新空气、饱览美景，又可以锻炼身体。当人们奔跑着经过绿色的山野，在阳光和云彩的照拂之下，大地似乎也变成了一幅画布，让云影和人影形成了上面动静皆宜的点缀。当你看到阳光在湖面或者瀑布上面闪烁跳动的时候，就可以明白为什么这里能够激发那么多艺术家的灵感了。

▲ 湖边停泊着的小船，远处云雾缭绕，如在梦境。

▶英国湖区美景

迷人的自然风光中，还有很多充满历史气息的古建筑，同样为英格兰湖区添加着色彩。引起人们对湖区大量关注的湖畔诗人华兹华斯的故居就位于格拉斯米尔村，它有一个别致的名字叫"鸽舍"，记录了诗人和妹妹在这里的点点滴滴，灰白的墙掩映在翠绿的树丛背后，显得静谧安详。走过石头小径，你或许可以体会到当年触动诗人内心的那一缕温暖。

▲从坎布里亚小山丘上俯瞰温德米尔湖，在阳光的照耀下，远处的湖面上散发着细碎的粼光。

在鲍内斯小镇，充满了浪漫童话气息的彼得兔博物馆一样引人入胜。女作家波特在这个世外桃源之中构建出了一个美丽的童话世界，不仅给了全世界的孩子一个可爱的伙伴，更为湖区留下了美好的回忆。

安布赛德小镇上，有着300多年历史的桥屋闻名遐迩，虽然青苔已经布满了青灰色的石头，但墙壁上斑驳的印痕也引发了人们无限的遐想。凯斯维克镇上，修建于维多利亚时代的许多石板房屋也一样散发着古典又淳朴的风韵。哈佛怀德小镇上，古老的蒸汽火车依旧在勤恳地为大家服务，当它冒出浓烟的时候，旧时光的画卷就会在你眼前展开。

秋日里的英格兰小镇诗意正浓，而要体会她的美，必然要让心沉静下来。在飘零的落叶带着一丝幽怨缓缓落下的时候，手捧一卷经典的英文诗，望着简单的玻璃窗上绘制的秀气花纹，点起一盏昏黄的夜灯，手旁还有一杯温暖的咖啡，也许彼得兔还会悄悄钻进来，拖着长尾巴的红松鼠也会与你相伴……一切

▲英格兰湖区温德米尔湖的秋天景色

都是那么纯净。你可以拿起手边的纸笔，让诗句在一个闪念之间落在纸上，让青草低树、农家炊烟和晶莹的湖水一起进入你的纯净世界，跟着时间缓慢的步伐，随心所欲地做一个惬意的梦。

 旅程随行帖

英格兰湖区美食

　　虽然英格兰湖区让人印象最深刻的便是它童话般的美景，但来到这里的人们无一例外都要品尝一番湖区独特的美食。在康瓦尔郡，你可以品尝到这里独特的馅饼和苹果酒，无限回味的奶茶伴着威尔士羊肉、艾尔斯伯里鸭肉以及诺福克火鸡的味道，会给你带来不同的体验。此外，湖区的绿豌豆、芥末球以及炸鱼薯条、皇家奶油鸡等美食也都非常值得一试。湖区的人们最喜欢吃的猪肉派是一种英国传统的肉馅馅饼，经常会配上各种小菜，如果有机会尝试，一定会让你更加深刻地领悟这里的文化传统。

▲夏威夷檀香山风情，这里的海滩落日最令人神往。

夏威夷，火山余烬下的秋日辉煌

在太平洋中部，夏威夷群岛就好像是一串最亮眼的珍珠，等待你欣赏。

从 1898 年成为美国领土，并在 1959 年被承认为美国的第 50 个州开始，夏威夷就一直是美国人心目中最佳的度假天堂。作为由 8 个主要岛屿组成的群岛，夏威夷是世界上最活跃的火山之乡。位于莫纳罗亚的著名的基劳伊亚火山，用自己细软的沙滩、高耸的火山口以及茂密的峡谷吸引着全世界的人们奔赴这个热带天堂。

繁华与静谧的和谐世界

在美国各州中，夏威夷的风格独树一帜，因为它的民族和种族是最多元化的，不仅有白人，还有美国的日本后裔以及波利尼西亚人等。虽然在多年移民潮的冲击之下，外人也不断涌入，但当地的夏威夷人还是坚守着很多习俗与传统。

檀香山市是夏威夷首府，也是夏威夷最大的城市。对于大多数怀抱着无限期望奔赴这个热带天堂的人来说，最令人神往的就是这里的海滩日落了。夏威夷的魅力不只在于热情的人们，还有不时传来的吉他声，被阳光涂成了金色的人群，还有大海与波浪，这些无疑都是让人着迷的。

夏威夷之所以拥有如此迷人的魅力，不得不感慨造物主对这片土地的偏爱。夏威夷全年的气温都在14℃～23℃。夏天的时候稍暖和，冬天的时候也只是凉了那么一点，对于很多人来说每天都可以成为去海滩晒太阳的好日子。在总面积超过1.6万平方千米的群岛区，132个大小岛屿组成了"人间天堂"，这其中最吸引人的岛屿便是瓦胡岛，也就是夏威夷大岛，此外还有毛伊岛、拉奈岛和摩罗凯岛等。

这里的环境如此优美，它的美丽更是无与伦比。它拥有世界上最迷人的海滩，山与海相连，海岸线曲折多变，有长达40千米的天然海滩浴场。雄伟的夏威夷山脉都是在数百万年前的火山运动中形成的，海洋底部被顶起，形成了绵延千丈的岛屿。早在亿万年前就形成的珊瑚礁经过海浪的不断拍打，碎裂成了沙滩，任凭人们赤足踩踏，在这里，人们享受着最最温柔的脚底按摩。

热带天气让夏威夷一年四季都盛开着奇花异草，粉色的女人花、鲜红的凤凰树、翠绿的合欢树和神奇的天堂鸟花，颜色绚丽夺目，配合游人身上色彩艳丽的夏威夷衫和五颜六色的帐篷，一派热闹繁华的景象和海天之间的静谧形成了和谐而又鲜明的对比。

夏威夷是一个没有陌生人的城市，因为这里的每一个人都那么热情。人们常说夏威夷最迷人的部分就是当地人真

▶在海边椰树中间绑一个吊床，躺在上面吹着海风，观赏落日与大海，时间就在这样的美景中悄然流逝，人生也在不紧不慢中从容起来。

挚的温暖，并且亲切地将它称之为"阿罗哈精神"。在这里，每一种文化都可以在这里找到彼此的共同点，并且在夏威夷成为朋友。

闪亮的珍珠岛屿

组成夏威夷群岛的数百个岛屿，就像是一条串联起来的项链，从太平洋上由东南伸展到正西北。这些岛屿位于热带，经过海流的不断努力，从东北而来的微风吹拂着它们，让海边的峭壁也充满了温情。

夏威夷群岛之中最出名的莫过于瓦胡岛了，这座菱形岛屿不过64千米长，42千米宽，却是夏威夷人活动的中心，因为檀香山市就在这里，夏威夷超过一半的人口也都居住在这里。大名鼎鼎的珍珠港距离这里有11千米。威基基海滩是古代夏威夷贵族最喜欢去游乐的地方，如今也已成为游客们最爱去的地方，在檀香山市和一座名为"钻石头"的死火山之间，黄沙、黑沙与白沙交相辉映，构建出游客心中最美的夏威夷风景。

考爱岛也是夏威夷诸多古老岛屿中独具特色的一座岛屿，岛上不仅树木葱茏，而且还有死火山怀阿勒阿山。这座岛以雨水充沛而闻名，同时也是世界上雨水最多的地方之一。

既然是火山岛，来到夏威夷的人们自然不能错过这里各具特色的火山。位于群岛中部的莫纳罗亚火山海拔4170米，是世界海岛火山中最高的活火山，其

▼夏威夷威基基海滩

基底呈椭圆形，覆盖地面5180平方千米，体积也是世界最大。

在过去的200多年里，莫纳罗亚火山喷发过30多次，每一次的喷发都惊心动魄，在山顶留下了好几个锅状火山口。在火山喷发的时候，除了火山口能喷发出200米高的熔岩之外，山坡上的裂缝也不时地喷出熔岩，有的可以达到十五六米高，形成"火帘"奇观。1950年，沉寂多年的莫纳罗亚火山出现了一次爆发，岩浆喷出的高度超过了纽约帝国大厦。熔岩从火山口和裂缝中不断涌出，滚烫的岩浆沿着山坡以每小时40千米的速度流下，汇入大海，让海水都顿时沸腾了起来。当时的海面上蒸汽冲天，海中的鱼虾也难逃被煮熟的厄运。这次喷发持续了一个月，最终形成了一个新的岬角。

基拉韦厄火山是夏威夷群岛的第二大火山，也是世界上最年轻、最活跃的火山之一。在过去的50年中，它喷发了30多次，目前还处于成长期，所以会经常喷发。而冒纳凯阿火山则是一座死火山，浸入海底的部分加上冒出海面的部分，冒纳凯阿火山的高度几乎不亚于珠峰。在这座死火山上，还有与加拿大、法国联合兴建的一座天文观测站，世界上最大的光学望远镜——凯克望远镜就位于此。

徜徉在阳光海滩

想在夏威夷找到最迷人的一处海滩，似乎是一件困难的事，因为这里的每一个角落似乎都充满了让人欲罢不能的魅力，而威基基海滩又是夏威夷最值得骄傲的去处。这里除了笑脸和热情，那看得见色彩的阳光似乎让你远离了一切烦恼，与天长地久无关，与刻骨铭心无关，这里只有快乐。

威基基海滩是蓝色海洋的天堂，海水清澈，沙滩细腻而又平

▶夏威夷基拉韦厄火山爆发场面

▲ 在夏威夷清澈的海水中闭目冥思，来一场日光浴，最惬意不过。

坦，纵情地去享受着阳光浴，再冲到海浪之巅体会一把冲浪的魅力，你会感到心情像那蓝天一样空旷明亮。

融入夏威夷的世界并不需要匆忙的脚步，你只需要挑一个晴朗的上午，在沙滩上撑起一把巨大的遮阳伞，然后换上绚丽的比基尼，躺在沙滩上，让温热的沙粒轻轻地触摸你的后背。将双脚轻轻地伸出遮阳伞的阴影，让热情的阳光尽情地照抚，这时的你不需要睁开眼睛，让疲惫的心灵在这里得到休养，感受海风吹来的快乐就是你需要做的事。

海滩上，笔直的椰子树将叶片伸向蓝天，宽大的叶子在风中挥舞，像夏威夷女孩的舞蹈一样热情。雪白的浪花在阳光下闪闪发亮，一会儿将沙粒推向岸边，一会儿又退到远处望着海岸，像是一群不谙世事的孩子在快乐嬉闹。穿着波希米亚风格长裙的女孩远远地走过来，微风不断吹起她的裙角，扬起浪漫的弧度。男孩的唇落在女孩的额头，他们互相依偎，似乎不在喧闹的海滩，恰如置身在与世隔绝的桃花源。

▲夏威夷的海水清澈透明，在浅海区可以看到畅游的海龟。

◀穿着夏威夷草裙的少女

旅程随行帖 \\

夏威夷草裙舞

　　夏威夷是一个充满了热情与浪漫的地方，在这样的地方又怎么可以缺少舞蹈？草裙舞作为夏威夷的特色舞蹈，是人们心目中的夏威夷名片。传说第一个跳草裙舞的人是舞神拉卡，她用草裙舞招待自己的姐姐火神佩莱。佩莱看到这个舞蹈特别喜欢，就用绚丽的焰火点亮了整个天空，从此之后草裙舞就成为夏威夷人向神灵表达敬意的宗教舞蹈。在波利尼西亚特色的悠扬乐曲声中，草裙舞舞者轻盈的肢体并不会大幅度摇摆，但双手却异常灵活，配合着音乐的旋律变幻流动。她们的眼神如同秋波，舞姿如同柔水，似乎在向人们讲述古老岁月里关于火山和爱情的故事。

▲ 冰蚀地貌的宠儿，绵延不绝的落基山脉

Rocky Mountain

加拿大落基山脉，秋风凛冽，树林温存

作为北美洲最著名的旅游胜地，落基山脉不仅有雪山冰川，更有奇美风光。

主要位于加拿大西部不列颠哥伦比亚省和艾伯塔省的落基山脉，是由很多小山脉组成的，北美洲将其称之为"脊梁"。在落基山脉境内，有很多美丽的国家公园，班夫、贾斯伯、约霍和库特内等国家公园都被联合国教科文组织评为世界遗产。在世界范围内，要想寻找到一座可以媲美落基山脉的已经很难，它拥有多变的地形，也拥有原始森林、冰川雪山、大湖飞瀑等，风光奇美，让人流连忘返。

▲远处的落基山脉在湖水的映衬下，更显硬朗。

▲落基山脉露易丝湖和维多利亚冰川十分壮观。

冰蚀地貌的宠儿

　　落基山脉是北美科迪勒拉山系东带山脉的主体，纵贯了加拿大和美国西部，北连马更些山脉和布鲁克斯山，南接东马德雷山脉。呈西北至东南走向的落基山脉全长约4800千米，高耸入云的山峰此起彼伏，最高峰埃尔伯特山海拔高达4399米。在云雾之中，这些高高耸立的山峰构成了一片气势磅礴的峰海，由于恶劣天气的影响，峰顶常年都覆盖着积雪，形成了独特的冰蚀地貌，奇特而又罕见的冰斗、冰凌现象显得十分壮观。

　　拥有"落基山脉皇冠"美誉的冰河国家公园就坐落在蒙大拿州西北的落基山脉中，这个公园长约96千米，占地面积4050公顷。来到这里，雄伟而又锋利的山峰仰头可见，如同穿越到了玄幻的童话世界中，难怪人们将它视为女王头顶上绚丽夺目的皇冠。在亿万年前，被冰河切割的河谷与湖泊坐落在这里，闪烁着绚烂而又迷离的水光，让这片土地多了一丝风情。这里曾经是印第安人的圣地和战场，如今却因优越的自然环境而成了野生动物的乐土。

　　在怀俄明盆地以南便是南落基山脉，是整个山脉之中最雄伟的部分，由东西两组平行的背斜山脉组成。这里的山峰多是前寒武纪时期的结晶岩，海拔高于4200米的山峰多达48座，著名的埃尔伯特山便位于此。丰富的植被让这里显得生机勃勃，黄松、道格拉斯松、云杉等针叶树种遍及不同纬度、高度的山坡。

在落基山脉这样的高海拔之上，居然还有鱼，这简直是大自然的又一大奇迹！加拿大落基山脉最大的冰河湖——玛琳湖中盛产各种鱼类，它也是世界第二大的冰河湖。作为落基山脉中唯一可以行驶马达船的湖泊，玛琳湖中所产的彩虹鳟鱼和东溪鳟鱼不仅是人类的美食，更是森林之中野熊最喜欢的美食！这些熊体形巨大、力量惊人，而且性格凶猛，不仅可以游泳，还可以敏捷地爬树，简直是全能无敌的战士，难怪它们可以享受到冰河湖中美味的鳟鱼了！

各具特色的山脉与冰原

落基山脉广袤无垠，但却缺乏植被，英国殖民者曾因此称呼它为"石头山"，后来这个名字也扩展到纵贯南北的整座山脉。但分布范围如此之大的山脉，各个部分的差异自然也是巨大的。

南部落基山脉大多呈南北走向，平行罗列，很多山峰显得挺拔而又陡峭，山上郁郁葱葱，山涧到处都有小溪流。在淙淙流水之中，山花也摇曳可爱，百鸟争鸣更增添了勃勃生机。清新秀丽的山脉风景让南部落基山充满了活力，虽然峰顶的冰川积雪也盘踞了千百年。

中部落基山脉以高原为主，这里的地质构造非常复杂，因为火山的影响，形成了很多温泉和间歇泉。著名的黄石公园就有一部分位于这里，这里也是世界上温泉最多的地方，其中"老忠实温泉"是世界上最著名的间歇泉。

北部落基山脉包括黄石公园北部和加拿大境内的山地，这部分山地由于过去冰川活动十分频繁，形成了特殊的地貌，高高耸立的山峰和U形山谷代替了中部松软的高原。

想要在落基山脉看到冰雪豪情，似乎是最简单不过的一件事，因为这里有占地325平方千米的哥伦比亚冰原，它不仅是落基山脉中最大的冰原，也是北极圈以外北半球最大的冰原，冰层深度达365米。由于这里年平均降雪量为7米，每堆积30米雪，底层的雪受压之后就会形成冰块，当冰块变得太厚，就会流向四周的山谷，形成冰河。

哥伦比亚冰原不仅是高山滑雪的胜地，也是一个大的分水岭，许多注入北冰洋、大西洋、太平洋的河流都发源于此，所以它也有"河流之母"的雅称。

这片冰原一共孕育了8条冰河，最为人所熟知的就是阿萨巴斯哥冰河，这条冰河深达300米，通往冰河的公路两侧终年积雪，景色十分壮丽。而且，因为冰层密度极高，阳光也无法折射，所以当太阳照射冰河的时候，这里会呈现出晶莹剔透的蓝光，真是难得一见的人间美景。

在加拿大班夫国家公园里，露易丝湖就像是一颗镶嵌在维多利亚冰河上的宝石，它清澈、冰冷，温度从来没有高于过5℃，呈现出饱满的蓝绿色，又被称为"落基山蓝宝石"。随着季节的变化，露易丝湖的水深、光线也会呈现出不同的状态，湖水因此而产生了绚丽无比的变化，让人犹如置身于诗画之中。

楚楚动人的露易丝湖以风姿绰约的维多利亚山为屏障，这条山脉终年被冰雪覆盖，当它的身影倒映在湖水中，就好像母亲慈爱地拥抱着女儿。也许正是因为这个原因，人们采用女皇和公主的名字来命名了这座山和这片湖——维多利亚就是女皇的名字，而露易丝则是女皇四公主的名字。

▲ 落基山脉班夫国家公园

▲ 落基山脉班夫国家公园露易丝湖

危险与美丽并存的国家公园

　　落基山脉的国家公园是它献给世人的一份厚礼，从那些冰川、冰原、森林和高山之中，人们窥见了这条山脉的美好，也同时感受着它自带的危险属性。

　　班夫国家公园坐落在落基山脉的北部，占地面积6641平方千米，这里拥有诸多大型的冰川和冰原，通过冰原公路都可以抵达。崇尚自然的旅行者来到这里，一方面是为了攀登雄伟的落基山，探索原始而又纯净的山区生态；另一方面也是为了享受冬日滑雪的乐趣，借机与这里丰富的野生动物进行亲密接触。在这里，你可以体验到很多户外探险活动，高山滑雪、滑冰、狗拉雪橇、山地高尔夫、登山远足以及洞穴探险等。大自然的神奇杰作就像是一个挖掘不尽的宝藏，冲击着人们的视野。

　　与班夫国家公园相类似的贾斯伯国家公园是加拿大著名的国家公园之一，这里风景秀丽，有很多野生动植物，黑熊更是这里的常驻民，与其他的北美红

鹿、小鹿、大角羊等动物加起来，比居民还要多。公园里面的佩投湖、弓湖、派翠西亚湖、金字塔山和玛琳峡谷等全都似鬼斧神工。

在所有国家公园中，黄石国家公园是最出名的一个，因为它被誉为"地球最美的表面"，堪称人间仙境。这里有数量繁多的动物、纯美的自然风光、原始的荒山野峰，还有持续了130多年的地热运动。作为户外探险者的天堂，这里也被称之为"地狱"，因为每年在公园里被黑熊攻击而死的游客人数超过了坠落山崖的死亡人数，还有人总结出了比被黑熊攻击更可怕的死亡方式，譬如溺死、火灾、雷击或掉进冰窖等。即便如此，爱好探险的游人还是蜂拥而至，可见黄石国家公园的魅力真是不可抵挡。

◀ **落基山脉班夫国家公园的弓湖**

旅程随行帖

诱人的落基山脉金矿

一亿多年前，由于地壳运动，落基山脉花岗岩溶液受到压力冲击，带来了黄金、铜和银等金属。第一批来到落基山脉的西班牙探险者越过南部山脉，在加利福尼亚州的河床发现了黄金，于是更多的人越过山脉和沙漠来这里掘金，也因此为这条山脉带来了8条铁路和10多条公路线，它们都是循着100多年前的寻金者足迹开辟的。现在的落基山脉有3个著名的金属矿区，美国爱达荷州的科达伦以出产铅、锌、银为主，比尤特、宾翰以出产铜、银为主。交通的发展加快了山区资源的开发，茂密的森林、丰富的野生动物和凉爽的气候让这里成为人们最向往的旅游区。

▲ 中甸的秋天在一片雨雾缭绕中，像一幅古典的山水画。

Shangri-La

香格里拉，狼毒花盛开的秋日

　　"香格里拉"这个词源自英国作家詹姆斯·希尔顿的长篇小说《消失的地平线》，在这本书中，希尔顿描绘了一个远在东方的崇山峻岭中永恒的和平宁静之地"香格里拉"。这个处于青藏高原横断山区雪山环抱中的神秘峡谷，有着金字塔一样的雪峰，有着蓝宝石一样的湖泊，还有着宽阔的草甸。在那里，人们与大自然和谐相处，多种宗教并存，多个民族共处，不管男女，共同在悠扬的钟声中繁衍生息。

神秘的世外净土

　　在藏语里，"香格里拉"的意思是"心中的日月"，象征着一种和谐而美好的理想生活。对于英国作家笔下描写的香格里拉的确切位置，虽然曾有过很

多争议，但在20世纪90年代中期，中国云南迪庆正式被确定为香格里拉，这场争议也就尘埃落定。

香格里拉县位于云南省西北部滇川藏大三角区域，地处迪庆香格里拉腹心地带，其中的天生桥、白水台、纳帕海、碧塔海和哈巴雪山等都是人们心中神秘的净土。这里的人们仿佛置身于世外桃源，过着祥和而又富足的日子，因为这片土地不仅壮美，而且神奇，同时也充满了灵性。

许多人来到香格里拉，首先会被这里的明亮与纯净感动，那宽阔得仿佛没有边际的原野，纯净得如同画一样的天空，还有肃穆的雪山与幽蓝的湖泊，一切都如诗如画。

在这个梦幻一样的世外桃源，美妙绝伦的人间乐土上，虚幻而又迷离地荡漾着诱人的魅力，让人们在现实世界与精神世界之间不断追寻。英国作家希尔顿的小说风靡欧美国家后，香格里拉也随之风靡了全球。很多阅读了小说的人都希望可以到中国来寻找这片净土，这片平均海拔在3000米以上的土地成了人们的朝圣之处。

香格里拉的气温比平原地区低很多，尤其到了冬天会格外寒冷，大雪覆盖了山川与河谷，让人们进出都很不便；盛夏时节，气温虽然高，雨水却又偏多；所以秋季成为最适合来到香格里拉的季节。依拉草原上，青翠的绿草和优美的湖泊伴随着白色的高头大马，让高原的雪山、高原的海以及高原的阳光充分展示了自己的美。而终年白雪皑皑的梅里雪山也放射着迷人的神采，用它高耸入云的气势震撼着每一个游客。雪山主峰卡瓦格博峰高达6740米，是云南最高峰，是人们心中的神峰，也是幸运的使者。

神性山水传奇

迪庆中甸的初秋是美好的，高原的天色永远都是那么蓝，而云彩也永远

▲ 香格里拉的秋天，青山、蓝天、金灿灿的大树、红得浓烈的狼毒花，构成五彩绚丽的风光，像一幅多彩的油画。

▶ 香格里拉藏语音译又为"香巴拉"，意思是"心中的日月"，指一种理想的生活，意为世外桃源，而这里的确是一个世外桃源，人间仙境。

那么悠闲地飘着。高山草甸随着季节变换悄悄地由绿转黄，不时地还可以看到一排排高大的青稞架，马儿三三两两地散落在奶子河边上吃着青草，农家的黑猪也在草甸上相互追逐。在远处薄雾的掩映之下，村庄若隐若现，难怪人们将"香格里拉"与"伊甸园"齐名。

寻找香格里拉，就像是寻找一个遥远的梦。这里不仅安宁祥和，草甸、雪山和云彩似乎千百年来都没有改变过，但一切又那么灿烂，因为人们脸上的笑容就如同阳光，让你甘愿沉醉于梦中不愿醒来。

"山峦为屏障，江流为纽带"，这是香格里拉特有的自然景观。如果可以从万米高空俯瞰香格里拉的地形，就会发现这里的山川组成了一个罕见的景观：怒江、澜沧江、金沙江组成了一个"川"字，显得那么潇洒飘逸。而高黎贡山、碧罗雪山和云岭也组成了一个凸出的"川"字，显得雄劲又粗犷。大自

然用微妙而又震撼的力量将山川之美演绎到了极致。

雪山、峡谷、草甸与湖泊，琳琅满目，海拔5000米以上的雪峰好像无数的银剑刺向蓝天，白茫雪山、哈巴雪山、巴拉更宗雪山竞相争雄，伴随着大雪山的明永恰等冰川也深入森林，让人们一年四季都能观赏到变幻迷离的雪精灵，鉴赏到角峰、冰舌、刃脊等光怪陆离的冰川雕塑。

江湾、峡谷纵横遍布，草甸就好像是一幅编织的锦绣，玉石一样的绿，彩霞一般的五彩，还有金黄、银白等各种色调，让人沉醉。而湖泊则像洒落在这里的千百颗蓝宝石，镶嵌在茫茫林海中，让人流连忘返。

初秋时节来到碧塔海湖畔，你会看到白色、灰色和黑色的马群，随着一声声清亮的呼哨，马群仰头奔驰。碧塔海清澈的湖水在四周群山的环抱下显得那么纯净，秋波流转，是神女的呼唤，也是天地的吟唱。

多民族文化传承

从大理出发，沿着滇藏公路向北行驶315千米之后，香格里拉的帷幕在你眼前缓缓拉开。这里不仅是"动植物王国"和"有色金属王国"，更是多种文化交汇的风情世界。在这里生活着藏族、傈僳族、汉族、纳西族、彝族等13个民族，他们团结和睦，丰富多彩的生活方式和民族服饰、独具特色的婚俗为这里增添了独特的风情。

在雪山的花苞之中，纳帕海自然保护区作为这里最大的草原，栖息着国家一级保护动物黑颈鹤，一年四季演绎着不同的精彩。尤其是在夏秋之交，这里是一片草原、花海草甸和青稞交织的地毯；而到了冬季，这里又会变成一片宽大的水域，犹如一面巨大的镜子。

神奇灵秀的山川和古老的民族文化积淀孕育出了人们豁达的性格，也让这一地区的节日变得格外有趣。每年农历的五月初五是这里的赛马会，是全县最隆重的节日。在此期间，各地好手汇聚一堂，名马嘶鸣，吸引了很多游客前来观看。丹巴节和格冬节是当地两个宗教色彩浓郁的节日，庆祝的形式也格外神秘、奇特，各种内蕴丰富的仪式耐人寻味。此外，当地纳西族的"二月八"，彝族的火把节等节日也都是人们表达情感的独特方式。大家还为此创作出了独有的优美歌舞，纳西族的阿卡巴拉舞、彝族的葫芦笙舞、傈僳族的对脚舞等，节奏明快，极富感召力，只要音乐声一响起来就可以随时唤起大家的热情。

如今的香格里拉已成为很多人心中的圣地，正是它独特的人文风景和自然风光，才让那么多人来这里寻找自己的梦以及梦中的天堂。

▶香格里拉的狼毒花，它们红得热烈、奔放，漫山遍野，像是把香格里拉的秋天烧着了。

▲ 布拉格广场上柔和温暖的灯光，看上去更具风情。

Prague

秋日**布拉格**，不一样的广场舞

布拉格的广场拥挤的剧场，安静小巷一家咖啡馆，我在结账你在煮浓汤。

七丘之巅伯特日娜山

建在七座山丘上的布拉格是一座从不缺少故事的城市，这里曾是波希米亚王国的都城，尼采认为它是神秘的代表，歌德说它是欧洲最美的城市，卡夫卡在这里出生、写作、去世，米兰·昆德拉以这里为背景写下了《生命不能承受之轻》。

初到布拉格，如果你想在第一时间看清它的全貌，不妨选择一个天朗气清的早上，登上耸立在市区内的伯特日娜山，它是布拉格七座山丘中最高的一座，也是整个布拉格的制高点。春日朝阳下，山上乔木葱郁，风景秀丽，是一处环境幽雅的休息之地。

▲从伯特日娜山上俯瞰整个布拉格，草木茂盛，河流穿城而过，各种古老的建筑连为一体，韵味十足。

登上伯特日娜山山顶，布拉格的蓝天白云、红瓦绿树尽收眼底，从高处望去，碧波粼粼的伏尔塔瓦河穿城而过，共有18座大桥横架在河水之上，将两岸的哥特式、巴洛克式和文艺复兴式的建筑连成一体。

布拉格老城区罗马式的拱顶、哥特式的尖塔、巴洛克式的殿堂，全都保存完好。高高低低的塔尖，毗连成一片塔林。这些古老建筑的房顶，大多以红瓦铺就，鹤立鸡群的教堂钟楼和塔尖又大多涂成了绿色，它们均匀地散布于城中，像是点缀在花丛中的绿叶一般。在这些鲜明的色彩装点下，布拉格就如同格林童话中的古堡一般。

查理大桥，独属于布拉格的浪漫

伏尔塔瓦河上18座大桥中，最负盛名是建造于1357年的查理大桥，这座石桥堪称欧洲中世纪建筑艺术的代表之作。查理大桥横卧在伏尔塔瓦河上，桥长520米，宽10米，有16座桥墩，大桥两端是布拉格城堡和旧城区。历史上波希米亚历代国王加冕典礼之后，都要通过查理大桥，在布拉格城中举行盛大的游行活动。

查理大桥被誉为"欧洲最古老最长的桥"，桥上雕刻有30尊圣者雕像，都是17~18世纪巴洛克艺术兴盛之际，由捷克的巴洛克艺术大师雕刻而成，查理大桥因此被欧洲人称为"欧洲的露天巴洛克塑像美术馆"。

桥右侧的第8尊圣约翰雕像，是查理桥的守护者。他是18世纪捷克宗教改革

的倡导者，得罪了当时的教皇，被投到查理大桥下的河中，后人为纪念他，将其封为圣人，他的圣墓在布拉格城堡内的圣维塔大教堂内。

在捷克的民间传说中，人们只要用心去触碰石桥上的雕像，便会得到这些圣人们的赐福，得到一生的幸福，桥上一尊铜像的某些部位已被游人摸得发亮。不过，现在桥上的雕像原件已经被保存在博物馆内，留在桥上的大多是复制品。

如今，查理大桥已经成为布拉格城中一处比较著名的街头艺术表演舞台，在桥上可以欣赏到艺术家的表演，还有一些手工艺创作表演。在这里可以买到很多艺术品，有关查理大桥的水彩画，以及身着传统捷克服装和宫廷服装的木偶，这两种是桥上最受欢迎的艺术品。

布拉格老城广场的秋日情思

秋日漫步于布拉格的大街小巷，就像是穿行在历史之中，连续千年未曾间

▲ 查理大桥，是布拉格最著名也是最浪漫的地方，安静地横跨在伏尔塔瓦河上，成为布拉格的地标建筑。

▲ 布拉格广场是整座城市的心脏地带，建于约900年前，广场周边建筑风格多样，是那个时代的经典之作。

断的建筑发展，不仅给布拉格留下了为数众多的历史古迹，还为城市增添了一份神秘与浪漫。当你挥手要说再见的时候，都会希望时间能再多停留一刻。

秋高气爽的时节，布拉格的旧城广场仍透露着一种热闹的气氛，这座有着将近1000年历史的城市广场，在漫长的岁月里，一直以来都是城市中最热闹的地方。

哥特式的提恩教堂、巴洛克风格的圣尼古拉教堂、旧市政厅墙上著名的天文钟，这些古老的建筑是布拉格凝固的历史；广场上随处可见的街头艺人表演、吉卜赛乐人弹唱以及画家们现场作画的场景，则是布拉格鲜活的生机。

坐在广场边上的咖啡馆里，点上一杯咖啡，什么都不用做，单单是看着秋天里温柔的夕阳渐渐西沉，聆听广场上的自鸣钟每隔一个小时敲打一次的报时声，便已是无比惬意。你还可以买一些面包，喂一下广场上那些自由飞翔的鸽子，自有一番乐趣在其中。

入夜时分，人声嘈杂的酒馆中隐约有乐声传来，清脆的玻璃杯的碰撞声给人一种莫可名状的安逸感。此时此刻，微醺的你感觉自己仿佛置身于中世纪的欧洲，又或者是一个有骑士、公主以及吟游诗人的童话世界，一时间你迷失在

▼布拉格这些古建筑物鳞次栉比，房顶多以红瓦铺就，与绿树青山形成对照，像是生活在古堡一般。

了布拉格广场的时光隧道里。

结束了一场觥筹交错的欢歌宴饮之后，租一辆马车，返回居所。一般情况下，马车车夫都穿着中世纪服饰，马车也装饰得华丽异常。马蹄撞击着石板路发出清脆的"嗒嗒"声，路过一扇扇古老的门扉，转过一个个窄窄的街角，童话里的公主也许就会出现在下一个窗口。

布拉格的不容错过之美

布拉格城堡是古代波希米亚王国的王室要塞，在公元9世纪之后的漫长岁月里一直是王室的统治中心，现在它仍是捷克总统的居所所在地。

圣维塔大教堂是布拉格城堡最重要的地标建筑，也是全世界最著名的哥特式建筑之一，外观气势雄伟，近百米高的哥特式尖塔高耸入云，飞梁拱柱托起威严的厅

▶ 黄金巷
这是一条中世纪风格小巷。当年神圣罗马帝国皇帝鲁道夫二世曾召集炼金术士在此定居，因此得名"黄金巷"。

堂，栩栩如生的雕像布满墙壁。中世纪时期，这里既是国王举行加冕大典的地方，也是王室成员辞世后的安眠地。

走进教堂，左侧五彩斑斓的彩色玻璃便是大名鼎鼎的"暮夏之窗"，它是布拉格著名画家暮夏的作品。绕过教堂的圣坛，后面有一座银色的棺椁，这便是圣约翰之墓。这座圣墓无论是棺椁，还是周围装饰的雕塑，均由纯银打造而成。白银圣墓之后，则是金碧辉煌的圣温塞斯拉斯礼拜堂，这座礼拜堂从壁画到塑像，均以纯金雕饰而成，极具艺术价值。

旧王宫是布拉格城堡内波希米亚国王的住所，整座王宫大致可以分成三层，入口一进去是挑高的维拉迪斯拉夫大厅，它是整座宫殿的中心；维拉迪斯拉夫大厅往上，是新领地大厅，这里保存着许多波希米亚王国早期的书籍和绘画收藏；维拉迪斯拉夫大厅往下，则有哥特式的查理四世宫殿和仿罗马式宫殿大厅。

黄金巷是布拉格古堡内最具童话色彩的景点，这条小巷位于布拉格城堡内圣乔治大教堂和玩具博物馆之间，16世纪神圣罗马帝国统治捷克期间，这里居

▲ 这座古老钟楼上的天文钟仍在有条不紊地走着，给人们提醒着时间。

▲ 圣维塔大教堂内景

▲ 布拉格城堡

住了许多的冶金师，现在它以出售捷克传统的手工艺品而闻名于世，其热闹程度比起布拉格广场也毫不逊色。

黄金巷并不大，这里所有的建筑都要比正常的尺寸小一号，就像童话故事里面小精灵们的剧作一样。黄金巷22号，一栋水蓝色的房子，就是著名作家卡夫卡的故居，100多年前他就是在这里完成了一部又一部著作。这座他昔日的居所，已成了一家书店。

旅程随行帖 //////////////////////////////////////

布拉格的秋光

布拉格属温带气候，冬季寒冷干燥，夏季温暖潮湿。5 ～ 9月是旅游的好季节。这段时间内气温舒适，景色也最佳。来布拉格旅行，一定记得随身携带雨具，"东边日出西边雨"的情况在布拉格非常常见。

Chapter 4

寒冷冬季，邂逅星空与银河

▲ 赫尔辛基市中心的南码头广场上喷水池中"波罗的海的女儿"的少女青铜像，面向大海，端庄秀美。这座雕像已经成为赫尔辛基的象征，来来往往的行人游客都会到这里来参观。

Finland

雪国奇缘芬兰，和圣诞老人有个约会

处于欧洲北部的芬兰是世界上最北面的国家之一，有四分之一的国土处于北极圈以内。

芬兰与俄罗斯、挪威、瑞典接壤，南有芬兰湾，西连波的尼亚海湾。这个国家的冰川是全世界独一无二的，狭长的南北走向地形，在冰川的作用下形成了十分平缓的地貌和星罗棋布的湖泊。在芬兰，没有什么高山峻岭，但全境有6万多个湖泊，如果将领土上的湖泊与沼泽加起来，会占据国土面积的一半，所以它也被称为"千湖之国"。

太阳不落之都

每年的6月24日，是芬兰人民最喜欢的仲夏节，这一天白昼最长而黑夜最短，芬兰举国欢庆。在芬兰的北部，仲夏节的时候甚至可以整天都看到太阳，所以这个节日对于芬兰人来说不亚于圣诞节，到处都悬挂着国旗以示庆祝。到了傍晚时分，日光还是明晃晃地照耀着，人们穿上美丽的服装，纷纷走上街头去参加"仲夏之夜"的庆祝晚会。到了午夜时分，太阳依然普照大地，人们在乐曲之中翩翩起舞，用树皮和木质的各种民族乐器进行表演，用金属酒杯喝着啤酒、水果酒和甜酒，一边畅饮一边歌唱着流传了数百年的民谣，尽情享受着节日的欢乐。

被太阳神如此钟爱的芬兰，也一样获得了水神的祝福。在芬兰首都赫尔辛基市中心的南码头广场上有一个圆形的喷水池，池子里有一尊叫作"波罗的海的女儿"的少女青铜像。人们将这座雕像视为赫尔辛基的象征，她端庄而秀美，面向大海，左手托腮，静静地凝望着美丽的芬兰湾，似乎是在感恩造物主对芬兰的偏爱。作为波罗的海沿岸的海滨城市，赫尔辛基是斯堪的纳维亚与俄罗斯两种文化相互交融的产物，从1550年以来就以美丽如画的港口和数十个大小岛屿而成为游客心目中的旅游胜地。这里不仅有许多湖泊，更有茂密的森林，19世纪俄罗斯统治者还在这里修建了大量白色的新古典主义建筑，映衬着那些铜质和玻璃的现代建筑，让人过目不忘。拥有迷人景色的同时，赫尔辛基还是芬兰最大的工业中心、外贸口岸和文化中心。在阳光普照的日子里，赫尔辛基最长日照时间可以达到20小时。

二战结束之后，美国第一夫人罗斯福夫人访问芬兰，曾经来到芬兰北部罗瓦涅米参观。为了迎接第一夫人的到来，芬兰人在北极圈内修建了一个面积不足10平方米的小木屋，供罗斯福夫人欣赏极地风光。虽然这只是一个小小的木屋，但却对芬兰的旅游产生了极大的推动作用，它深深吸引了全世界的客人，最后居然在原来的基础上修建了一座北极村。

要欣赏北极美妙的景象，芬兰是最佳的选择。芬兰人发现自己习以为常的北极风光竟然有如此大的吸引力，便大力

▲罗瓦涅米小木屋

扩建北极村，到20世纪60年代，已经设立了标有北极圈位置的地图标识版，建成了出售各类旅游纪念品的商店，并且用四国文字书写了北极圈纪念碑文，而当年罗斯福夫人驻足的小屋也成了一个热闹非凡的咖啡馆。

北极圈的圣诞之旅

在全世界范围内，圣诞老人的传说已经流传了数百年，他的存在不知道影响了多少人的童年，也让很多人保持着童心与童真，并且在每年的圣诞节寻找着童趣。而圣诞老人的故乡就是被富有创意的芬兰人发现并得到公认的，这个地方就是芬兰北部拉普兰省的罗瓦涅米市郊区的圣诞老人村。

既然是圣诞老人的"同乡"，在圣诞节期间，芬兰人也会隆重地纪念他。每年到了11月底，浓郁的圣诞气氛就会扑面而来，赫尔辛基的亚历山大街挂起了闪亮的圣诞灯饰，各种琳琅满目的圣诞商品也出现在柜台与橱窗之中，和圣诞主题相关的演出也纷纷登场，让你可以随时随地感受到浓厚的圣诞节氛围。在所有的活动中，最有意义的莫过于赶往圣诞老人的故乡去接受他的祝福了，人们满怀着无限的喜悦前往圣诞老人村，生怕圣诞老人驾着驯鹿外出给全世界的孩子派发礼物而错过了见面的机会。

从赫尔辛基出发，向北800多千米处，靠近北极、气温更低的圣诞老人村，从11月到1月都是没有太阳光直射的极夜阶段。这个时候的天色总是似亮非亮，如果运气不错，还可以看到美丽的北极光。就算没能看到也不用着急，罗瓦涅米市的北极博物馆还可以让你观赏到北极光的各种记录视频。

▶ 这里靠近北极，有时可以看见北极光，一饱眼福。

▲圣诞老人村的圣诞气氛十分浓烈，小木屋、装饰灯、雪人、驯鹿都是必不可少的元素。

▶ 冬日照耀下的赫尔辛基

在一排连体别墅式的房子里，圣诞老人的办公室就藏于此处，房顶是圣诞老人帽一样高高的尖顶，办公室里的圣诞老人穿着红色外套和黑色裤子，脚穿长靴，外套和帽子上都点缀着雪花图案，白色的卷曲胡须垂在胸前，一双慈爱的眼睛望着每一个前来问候他的人。在圣诞老人的橡木椅子上，每一个来访者都可以坐下来与圣诞老人交谈，离开的时候还可以与他合影留念、握手告别。

美酒佳酿，迎四方客

芬兰人爱喝酒，凭借着天然的地理环境优势，不仅盛产各种果酒，还有伏特加、啤酒等，不仅口味醇正，而且品种多样，任君选择。

在凉爽的夏季和严寒的冬季之间，芬兰人最喜欢酿制各种果酒。广袤的森林之源，让芬兰的秋天变得五彩缤纷，也让芬兰人获得了丰富的野生浆果，譬如蓝浆果、红浆果、黑加仑子、蓝莓、野生草莓等，这些都是芬兰人酿酒的最佳选择。芬兰法律规定，游客可以自行在森林之中采摘野生浆果，这为来到这里的各国游客增添了不少乐趣，一边亲手去摘浆果，一边喝着美味的果酒，这样的享受真是让人欲罢不能！

在芬兰国内，光是以酿造浆果酒为主的酒厂就有20多家，人们在这里品尝着地道的芬兰果酒，一种混着草莓、黑醋栗、红浆果等多种浆果的红酒最受欢迎。除此之外，一种名为利口酒的果酒也很知名，它是用黄莓和北极莓相混合之后制造的佳酿，口味浓烈而又独特，喝起来就像梅子汽水，但如果你贪饮几杯就会发现这酒后劲极大，如同芬兰的美景一样容易醉人。

作为"千湖之国"，芬兰国内河流、湖泊无数，冰川雪山众多，水资源自然极其丰富，很多水都可以直接饮用，而且十分纯净。聪明的芬兰人利用这一优势制造了纯天然的冰川水和芬兰伏特加酒，成为世界上最早生产伏特加的国家之一。

▲ 圣诞老人村的橱窗内展示着的圣诞商品

▶ 芬兰有名的利口酒

芬兰伏特加有自己专属的名字"Finlandia"，它的制作工艺一点都不输给俄国，全都是选用纯正的冰川水和上等大麦酿造而成。在品质纯净并且独具天然的北欧风味之下，很多高级伏特加的品牌自然而然地诞生，畅销全球。

在吃饭的时候，芬兰人喜欢饮用烈酒，而且还喜欢用腌鱼来伴酒。而招待客人的酒一般都要将酒瓶放进冷藏箱里，连酒杯都要冷藏，一直到酒变得冰凉爽口，酒杯结满一层冰霜，才能拿出来款待贵客。

在喝酒之前用歌声来助兴，似乎是很多热情好客的民族共有的习惯，芬兰人也不例外，芬兰"饮酒歌"在以瑞典语为母语的芬兰人之中非常流行，几乎每一次举起酒杯都会有歌声作为陪伴。作为芬兰文化的一部分，饮酒歌在亲戚朋友聚餐的时候可以选择性歌唱，但如果喝的是烈性酒，那就必然不能缺少饮酒歌。当歌声和烈酒一起出现在宴席之上，你就只能祈祷自己可以站着走出宴会厅了。

冰海行船，雪域寻踪

来到芬兰首都赫尔辛基，从机场就可以感受到这个国家的严寒。行李传送带周边所围绕的北极熊雕像以及沿途一簇簇洁白的雾凇，就好像是一棵棵美丽的珊瑚，将北国的原野点缀得冰清玉洁、秀丽多姿。

▲ 因地处高寒之地，冬天时随处可见白茫茫一片，雪松上白雪压枝，形成雾凇，也是一道景观。

如此银装素裹的城市之中，到处都是玉树琼花，天地也是浑然一色，你会发现很多与爱国题材有关的雕塑，这是芬兰人民曾长期被邻国统治之下所形成的展示民族精神的独特方式。在白雪皑皑的市议会广场，最宏伟的雕塑是俄国沙皇亚历山大二世的铜像，虽然他也是一个外来统治者，但由于曾经带给芬兰自治权而得到了纪念。

波的尼亚湾是芬兰和瑞典之间的海湾，大海的东侧是芬兰，西侧是瑞典，这里也是与北极最接近的海湾，冬天的气温会降低到—40℃，海水冻得如同铜墙铁壁。在这样的地方航海简直与在北冰洋一样充满了挑战，富有创意的芬兰人就在这里设置了破冰船，让游人可以体验冰海行船的乐趣。

▲芬兰动物拉雪橇比赛

◀芬兰作为"千湖之国"，有着优质水源的湖泊很多。

　　在冰天雪地、万物萧瑟的凯米港码头，庞然大物破冰船长达70米，重3000多吨，船头使用了特殊的合金材料，坚硬无比。在凛冽的寒风之中，破冰船的甲板上可以观赏到人与自然角力的壮观景象。如果遭遇的是比较薄的冰面，破冰船可以直接用船头撞击，冰层在巨大的冲击力下四分五裂，向四周飞溅白色的冰浪。如果冰层比较厚，破冰船就要将冲力和重力结合起来，利用船身重量冲刺并撞击冰层，将冰层压裂。有的时候，因为冰层实在太厚，破冰船一次撞不破，还要后退一段距离再次发动冲击，直到冰层碎裂。随着冰层不断碎裂，破冰船在海面昂首前进，显得气宇轩昂。

　　如果你还想拥有独特的体验，破冰船会带你来到波的尼亚湾中央，让你穿上防漏、隔水的红色救生衣，然后将你推入冰面上开辟出的游泳池。穿着救生衣的人们既像航天员，又像笨重的企鹅，在冰海里摇摇晃晃地游走，环视周围一片纯洁的世界，会让你有不同的视角。世界虽然在这里失去了很多色彩，到处都是白茫茫一片，但在湛蓝天空和纯白大地之间，生命的意义又显得那么清晰，让我们可以更加纯粹地感受到生活的乐趣。在冰海之中游弋一圈之后回到船上，脱下厚厚的救生衣，喝下一杯浓浓的热咖啡，顿时又会感受到芬兰独有的温馨与浪漫。

在芬兰的民族观念中，户外活动占据着非常重要的地位，特别是越野滑雪、游泳、划船和骑自行车等项目。光是芬兰南部就有26个滑雪度假中心，中部有31个，北部和拉普兰有22个。在中部的滑雪度假中心里，雪道的长度可以达到800米，其中北卡雷利阿的雪道可以达到1050米，拉普兰的雪道可以达到3000米。不管你是想速降滑雪、单板滑雪还是乘坐驯鹿雪橇、狗拉雪橇，都可以在这里得到完美体验。

除了圣诞老人、桑拿和音乐家西贝柳斯之外，芬兰还有很多礼物贡献给这个世界，舒适宜人的大自然、富有吸引力的首都以及纯净的滑雪场，都等待着你去探索。

旅程随行帖

赛鹿节

在芬兰国土的北极地区，生活着一个叫作"萨米"的土著民族。萨米人世代以饲养驯鹿为生，一直过着游牧生活。每年的 3 月 15 日是萨米人的赛鹿节，由于这个民族人口稀少，平时又非常分散，所以到了赛鹿节的时候大家会穿上漂亮的民族服装，不管男女老幼都喜气洋洋地来到伊纳里湖，一起欢度这个节日。在赛鹿节期间，有两个比赛项目是最吸引人的，其一是驾鹿比赛，其二是用绳索套鹿比赛。由于鹿是一种生性自由的动物，想要让它听从号令非常难，所以两项比赛都非常激烈、精彩。猎人们通过驾驭驯鹿来展示自己的勇气和技艺，通过套鹿来展示萨米人放牧与狩猎的技术，每一次表演和比赛都能迎来山呼海啸般的掌声。

惊喜**挪威**，在水晶球里的冬日秘密

挪威的魅力在其壮美的群山、陡峭的河谷、雄伟的冰川以及墨绿的森林。

在挪威西部，全球最壮观的峡湾坐落在犬牙交错的海岸，在北极圈内，让人惊叹的北极光和漫漫夏夜的午夜阳光吸引了无数人。一万多年前的冰川消退让挪威的海平面上升，受过侵蚀的山谷和丰富的大陆架石油、天然气是地球母亲给予这个国家最好的礼物。经历了狩猎驯鹿、熊和捕鱼为生的时代之后，挪威人学会了滑雪，而在现代社会，他们更懂得通过展示自己国土的美来获得发展。

世界美景之首的峡湾

挪威的峡湾曾经被评为"世界最佳旅游目的地"和"世界美景之首"，由此可见它的魅力有多大。如果说要在挪威找到一处最具代表性的景观，峡湾就是不二之选，甚至连地质学家都将挪威称之为"峡湾国家"，在欣赏了挪威西海岸连绵不绝的曲折峡湾和由无数冰河遗迹构建的峡湾风光之后，你就会感受到这个神奇国度绝对担得起这样的美称。

挪威最著名的峡湾有四个，分别是松恩峡湾、哈当厄尔峡湾、吕瑟峡湾和盖朗厄尔峡湾。

松恩峡湾在挪威西部的松恩－非尤拉纳郡，有人说，松恩峡湾的美，在于群峰竞秀，在于碧水蓝天，在于飞瀑万千。当你真正进入这条挪威最大也是全世界最长、最深的峡湾时，就可以领略到它山峦起伏、层林叠翠的美。松恩峡湾全长200多千米，最深处达到1300多米，谷底山坡陡峭，垂直向上，这里的山峰极高，时而云雾缭绕，有时还有皑皑白雪。峡湾深处，水流清澈，水面如镜。就算是风高浪急的海水，到了峡湾之后也会向高山峻岭低头，变得温柔和顺。在山涧深处，绿树掩映的白色小木屋和古老教堂若隐若现，这些极具人文气息的建筑物让峡湾又有了另一种风雅姿态。

见识了松恩峡湾的磅礴大气，哈当厄尔峡湾的田园风光又是另一番风情。在四大峡湾之中，哈当厄尔峡湾是最平缓的一个，这里到处种植着苹果树和杏

▲松恩峡湾是挪威最大的峡湾，也是世界上最长、最深的峡湾，这里的黄昏晚霞像仙境般美丽。

树，每到春天的时候漫山遍野鲜花盛开，而到了秋天的时候又是漫山果香，显现出另一番迷人的丰收景象。位于峡湾之中的挪威第三大规模的弗格丰纳冰河是著名的夏季滑雪中心，在这里可以滑雪，也可以享受船形雪橇带来的快乐。零距离接触大自然，是每一个来到挪威的人最向往的，而这片峡湾可以让你感受到山水林木带来的田园之美。

在挪威南部，吕瑟峡湾也是让人万分神往的地方，从挪威西海岸的斯塔万格进入峡湾，河水在峭壁和群山之间蜿蜒流淌。吕瑟峡湾远离大海，没有汹涌的海浪，只有高山和悬崖在平静湖面投下的倒影，偶尔还会有一只小船出现在湖面上，荡漾起两道细微的波纹，不一会儿就又恢复了平静。

吕瑟峡湾有世界著名的断崖布雷凯斯特伦，这座海拔600米的断崖非常值得一去，在笔直的悬崖顶端，有一个巨大的平台，就像是被刀切出来一样整齐。当人站在悬崖顶端，感觉就像是悬浮在空中，能够强烈地感受到大自然的威

▲ 盖朗厄尔峡湾

力。峡湾的两岸岩石也极其巨大，这些被称之为奇迹的岩石没有人知道是怎么
出现在这里的，只能说大自然是一切伟大奇迹的缔造者。

　　盖朗厄尔峡湾在挪威西南岸的卑尔根北部，它是挪威峡湾之中最美丽、神
秘的。这座峡湾瀑布众多，有很多瀑布都沿着陡峭的岩壁泻入该峡湾，其中尤
以"新娘的面纱"和"七姐妹"瀑布最为有名。

　　在峡湾的顶端，犹如世外桃源一般的盖朗厄尔村就坐落在高山顶部。如
果你要前往这里，只能通过一条蜿蜒上千米的狭窄通道，徒步抵达。虽然如此

艰难，但徒步来到这里欣赏美景的游客依然众多，人们站在山顶呼吸最新鲜的空气，来到村里的古老教堂感受历史，而且还可以通过达尔斯尤威展望台纵观美景。

滑雪故乡

挪威向来有"滑雪发源地"和"滑雪故乡"之称，因为这里有广阔的天然草原，可以为滑雪运动提供最理想的场地。在挪威人的心目中，滑雪这项运动与神话传说紧紧相连。在他们的语言中，"乌尔"指的是滑雪神，而"斯克德"的意思就是滑雪女神。据说在13世纪初期，挪威遭受内战的荼毒，在危急时刻，两位英雄以滑雪的方式将年仅2岁的国王德哈康森从敌人的手中营救出来，并且滑雪将他送到了安全地带。现在每年冬天挪威都会举行滑雪大赛，从利勒哈默到雷纳都有大型的马拉松滑雪赛，而比赛经过的路线正是当年传奇英雄抢救王子走过的道路。

在现代滑雪运动中，有很多专业术语都来自挪威语，甚至"滑雪"一词也从挪威语演变而来。挪威的霍尔门科伦是滑雪胜地，这里的博物馆收藏的几副滑雪板显得非常古朴，考古鉴定发现这是石器和陶器时代的遗物，可见在2500多年前挪威人就已经开始滑雪了。

1940年，挪威政府在霍尔门科伦山开辟了世界上第一条长达5000米的泛光照明滑雪道之后，全国已经有了2000多条这样的滑雪道，霍尔门科伦山半山腰的奥斯陆滑雪台是当地的独特一景，高达百米的水泥柱子支撑着悬梯一样的白色滑道，就好像一条白色的虹。在滑雪台的四周还有圆形看台，让滑雪场像足球场一样可以容纳万人观看。

霍尔门科伦山景色优美，山顶伫立着圆形的电视塔，可以眺望层峦叠嶂的远山风景，而沿着西方方向望去，又是起伏的山丘和茂密的森林，整个山体就好像一条巨龙静静地俯卧在那里，显得威严又壮观。

地球最北的城市

在挪威斯瓦尔巴群岛的中西部，朗伊尔城距离北极点仅仅1300千米，从这里再朝北而去就是完全没有常住民的冰川了。作为地球最北端的城市，朗伊尔城全年平均气温在—7℃，城市90%的面积都常年被冰川覆盖着，一年之中有116天都是极夜。

当暖流从挪威群岛的西海岸经过时，带来的热量可以大大地提高沿岸的气温，让朗伊尔城这样的城市获得了比同纬度地区更高的气温。每年的6月到8月，朗伊尔城濒临海湾部分的气温可以到4℃，这个时期浮冰也会逐渐消融，轮船可以自由进出，人们也尽量利用这段时间运送食物、日用品，并且将这里的煤炭、云母、石棉和裘皮运送出去。在夏季的极昼天气中，山城会迎来大批的游客，熙熙攘攘地来观看极地奇观，可是冬天到来的时候这里就只有几千位当地常住居民了。

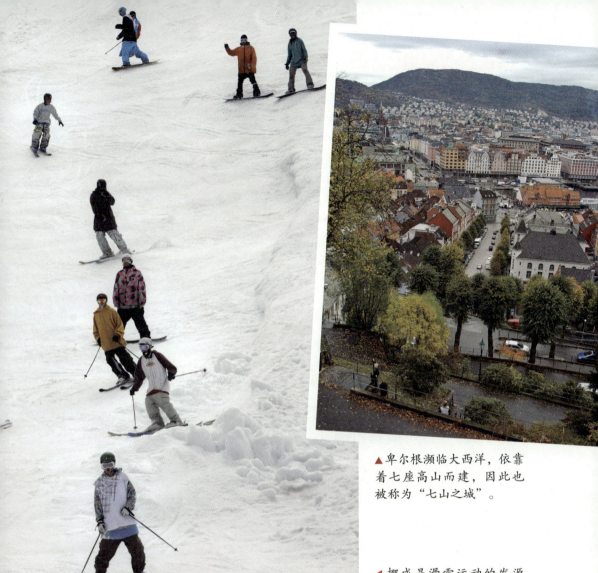

▲卑尔根濒临大西洋，依靠着七座高山而建，因此也被称为"七山之城"。

◀挪威是滑雪运动的发源地，也是滑雪爱好者的乐园。

　　挪威有很多山城，卑尔根是名副其实的一个，因为"卑尔根"这个词语在挪威语里就是"山城"的意思。在高山和峡湾之间，卑尔根濒临大西洋，依靠着七座高山而建，因此也被称为"七山之城"。在这座山城之中，圆圆的石头铺成了小巷，一直延伸到中世纪时期的古老木屋和码头，你还可以沿着圆石小路走到露天鱼市场，去充分感受这座富有古朴魅力的海滨城市。

　　对于挪威来说，最重要的资源就是海洋。从挪威国土北侧向南，巴伦支海、挪威海和北海一路排开，虽然有三分之一的领土深入到了北极圈，但在墨西哥湾暖流的影响下，近海宽广的大陆架海域依旧有冷暖流交汇，为这里的浮

▲朗伊尔城的一处山谷中排列着的房屋

游生物创造了良好的生存条件，为鱼群提供了乐园。渔业一直都是挪威主要的传统经济，全国有一半居民都和渔业有关，大小渔轮超过2万多艘，海水养殖场上千个，堪称"渔业王国"。

挪威人虽然将鱼作为自己的基本食物，但是烹调的方法却格外简单，似乎除了腌制和炖汤之外没有其他特色。即便如此，挪威北端的鱼汤、鳟鱼舌头和鲽鱼脑浆依旧是世界上稀有的美味佳肴。

 旅程随行帖

挪威语

挪威有两种官方语言，博克马尔语是丹麦统治时期通过丹麦挪威语演变而来的；尼诺斯克语是以挪威农村方言为基础，在19世纪经过整理后成为民族语言复兴的一部分。虽然政府很支持尼诺斯克语的推广，但其使用率一直在下降。如果来到这里，你也不一定要会这两种语言，因为大多数的挪威人都会说英语。

Iceland

冰与火中绽放的**冰岛**

在地球的北端，冰是大自然赋予这个国家最大的礼物。

冰岛，顾名思义，就是一个冰晶世界。但是，冰封千年的冰晶世界并不是严寒难耐的，因为这里也是火山爆发形成的岛屿，所以也是世界上温泉最多的国家，至今依旧涌动着火山和数百个碱性温泉，让它成了"冰与火的国度"。在冰岛的冰川之下，鱼群显得尤其活跃，遍布各地的温泉和惊涛骇浪之中的捕鱼船让人们感觉如同处于海市蜃楼，如痴如醉。来到这里，你会发现它并不像你想象的那么寒冷，而且绚丽的北极光也会为你留下终生的回忆。

▲冰岛的地热资源也非常丰富，这个硫质喷气孔会咆哮着喷出蒸汽。

极圈冰火之国

寒冷、荒凉、孤寂和遥远，也许是你直觉之中的冰岛，但这并不是它的全部。它就像一颗悬浮在海洋上的明珠，默默地散发着自己的光芒。

在英语中，冰岛的意思是"冰冻的陆地"，这个欧洲西北部的北大西洋岛国，位于挪威和格陵兰岛之间，它靠近北极圈，属于寒温带海洋性气候。在墨西哥湾暖流的影响下，冰岛的气候要比同纬度地区温和很多，但独特的地理环境又让它气候多变如同孩童的脸。所以当地人有一句俗语：如果你不喜欢此刻的天气，那么请你等5分钟，那时候可能比现在更糟糕。

在人们的想象中，冰岛是一个乏味而又单调、寒冷却又一尘不染的地方，但作为欧洲的第二大岛屿，冰岛的位置正好在大西洋海沟上，所以地貌十分罕见。再也没有一个国家可以像冰岛一样容纳这么多独特的地貌了——这里有欧洲最大的冰川，也有种类繁多的火山活动，有难得一见的浮游湖，也有多姿多彩的奇山峻岭，有让人望而生畏的海岸绝壁，还有数不清的地热泉，更别提那些六角形排列的柱状节理群落以及别有洞天的瀑布和大面积人类未曾踏足的冰

▲ 冰岛周围有很多火山地貌景观，经常冒着热气。

帽、苔原、冰原、火山岩以及荒漠了。在冰岛，环境是如此纯净自然，空气自然也清新到了极致。

从地图上寻找冰岛并不是一件容易的事，因为它位于世界最西北角，占地面积又不大，所以很容易被忽略。这里的年平均气温都在10℃以下，人们在冰川之上乘坐着雪地摩托，在天地之间自由驰骋，人景交融。但如果你以为这里的生活就是这么安逸祥和，那就大错特错了，因为这里还有让人闻之丧胆的活火山。

特殊的地形让冰岛在不大的国土上拥有了200多座火山，几乎整个国家都是修建在火山岩上的。这里的大部分土地不能开垦，大自然的伟大力量在冰岛呈现出了极其相反的一面，有时候温柔，有时候粗犷，有时候奇特，有时候怪异，有的时候甚至充满了残酷和无奈。因为在这200多座火山中，有30座是活火山，史上有记载的爆发次数就多达150次。大西洋海沟的每一次扩张都有可能引起冰岛火山的爆发和地震。在18世纪的时候，频繁的火山爆发就毁坏了这个国家四分之一的土地，让冰岛人多年生活于不安中。近些年来，科学家通过红外线探测器寻找地温上升区域，预测火山爆发危机，才让人们生活得安心了一些。

▲冰岛海面上的冰块 　　　　　　　　　　▲冰岛海岸线上漂浮着的巨大冰体

　　冰岛最著名的火山是赫克拉峰，从12世纪以来，这座火山每个世纪都会有两次大爆发。1947年，赫克拉峰发生了最猛烈的一次爆发，整个地区的天色一片昏暗，风将火山渣都吹到了冰岛以东1600千米之外的斯堪的纳维亚半岛。熔岩从峰顶的火山口一股一股流出，持续了一年多才停止，这次爆发的岩层累积也让赫克拉峰增高了130多米。

　　冰岛南端的韦斯特曼纳群岛，是一万多年前火山爆发后从大西洋海底升出的陆地。这座群岛包括16个小岛，其中最大的叫作海姆依岛，在冰岛语中的意思是"故乡的岛"。这里碧波环绕、层峦叠嶂、绿草如茵，一派生机勃勃的景象，但是岛上的两座活火山却随时都有爆发的危险，在冰层之下的火山一旦苏醒，就会掀起冰盖，将大量冰块喷发出来，形成奇特的喷冰现象。

　　在"冰与火之国"生活，冰岛人随时都可能面对火山爆发的危险，但他们却没有表现出恐惧，更没有逃避，他们依然安居乐业，生活得悠闲自在。很多游客也来到这里，欣赏当地的美景，探寻奇特的火山地貌，体会与火山为伴的感受。

无烟城市

　　随着科技的发展，冰岛优越的自然环境越来越发挥效力，如今的冰岛已经是享有高度生活水准的发达国家，并且由于人口密度最小，在2009年获得世界排名第一的人类发展指数。

　　接近北极让冰岛获得了很多水资源，有一些地方甚至显得如同中国的江南水乡一样宁静。冰岛的高山之上常年都有很多积雪与冰川，而平原地区却冬暖

▲ 冰岛大间歇泉正在喷涌的场景，周围游人正在观看。

◀ 间歇泉喷薄而出的力量十分强大。

夏凉。11.5%的国土面积被冰川覆盖，白茫茫的冰川和烟云缭绕的火山相映成趣，构成了冰岛的绝妙风光。

冰岛首都雷克雅未克位于冰岛西部法赫萨湾的东南角、塞尔蒂亚纳半岛的北侧，是全球纬度最高的首都城市，它也是冰岛最大的港口城市。在冰岛语中，雷克雅未克的意思是"冒烟的海港"，因为北欧人在9世纪的时候第一次来到这座城市，远远看到这里冒出了白烟，以为这里是一个海湾，但实际上是因为雷克雅未克独特的硫黄喷气孔和温泉造成了这种水汽如烟的假象。

在充分利用地热和温泉资源之后，雷克雅未克几乎看不到什么有污染的烟气，这就保证了这座城市空气清新，没有烟煤困扰，也让它获得了一个"无烟

▲冰岛黛提瀑布

城市"的美名。在城市的中央，雷克雅未克湖清澈柔亮，湖中有野禽在嬉戏，水中有小巧玲珑的建筑倒影，一切都美如画卷。

　　阿库雷里是冰岛的第三大城市，它位于北极圈的边缘，背靠着雪山，面临碧海，人们将它称之为冰岛北部的"雅典"。阿库雷里是一座拥有百年历史的港口城市，也是冰岛的渔业、工业中心，还是北方的旅游中心。这里的植物园是地球上最北的植物园，里面种植着冰岛和其他国家移植而来的2000多种花草树木，其中还包括来自中国的菊花，所以阿库雷里也被称为"北极圈边上的花园城市"。

　　对于很多游客来说，富有神秘色彩的米瓦登湖也是来到冰岛不可错过的地方。这是冰岛的第五大湖，湖中不仅有奇形怪状的熔岩岛，还有丰富的鳟鱼资源，湖上更生活着数以万计的野禽。这里保存着完整的火山地理景观，你可以在这里感受到冰岛独有的地热，观看间歇性喷泉以及火山口。这里的地下温泉常年保持着27℃的水温，可以终年用来沐浴。

▲ 冰岛米湖的地热区域

　　间歇性喷泉是一个直径为18米左右的大圆池，水池中央的泉眼有一个10厘米的洞穴，洞穴内的水温高达100℃以上，每次泉水喷发的时候，就会听到洞穴里发出隆隆的响声，随着响声逐渐变大，沸水也会随之喷涌而出，向着高空喷射，从中间水柱变成蒸汽直接冲向天空，高度可达20米，随之又化作琼珠碎玉，飘落下来。这样的喷发过程周而复始，不断重复，每次喷发可以持续2分钟左右，十分壮美。正是因为米瓦登湖区景观丰富，从1974年以来就成为政府的特别保护区，以确保人们可以在此看到许多在地球其他地方难得一见的美妙风景。

▲ 冰岛首都雷克雅未克的夜晚　　▲ 冰岛黑色瀑布　　▲ 冰岛山脚下的小木屋

金色旅游环

　　有人曾经说，如果你没有机会去南北极，那就去冰岛吧。也许是因为来到冰岛就已经给了人一种走到了世界尽头的感觉，天边只有一座座火山，近处更看不到一棵树，道路两旁只有黄绿色的火山岩荒漠。在美国宇航员实施登月行动之前，他们都被送到了冰岛的荒漠来体验，因为这里的景象简直太接近月球了。

　　冰岛的冬季缺乏阳光，却因此而显得更加神秘，可遇不可求的北极光正是在这个时间出现，给天空涂抹上了一层迷人的色彩，让人们体会到惊喜的乐趣。如果有机会可以欣赏到绿、黄、紫、红等多种颜色组成的北极光飘飞在天幕，看到它在空中闪闪发光、翩翩起舞，那一定是一生难忘的美妙回忆。

　　开车游冰岛的人，常常会沿着著名的"金色旅游环"来感受它的魅力。所谓的"金色旅游环"是指冰岛首都雷克雅未克西南方向的倒置正三角区域，在这个区域里，大大小小的火山口简直随处可见，也包括花房镇、盖锡尔间歇喷泉、黄金大瀑布、议会国家旧址等冰岛闻名世界的美妙景观。

　　除了间歇性喷泉之外，蓝湖也是冰岛的又一独特景观。蓝湖是黑色的火山岩中环抱的一汪热泉，四周的泥土是白色的，映衬得湖水如同一块蓝宝石一样。由于蓝湖的水质和周围的土壤之中都富含多种稀有矿物，所以这个地球最西面的温泉不仅美如仙境，更被视为恢复青春和保持美丽的圣泉。凡是来到蓝湖的人，都觉得在这里可以享受雪天泡温泉的奇妙乐趣，一边欣赏着雪花飘

▲冰岛极光风暴

◀黄金瀑布

落，一边感受着温泉水暖洗凝脂的舒适，是至上的人间享受。由于距离首都雷克雅未克仅1小时车程，很多人甚至会在转机的几小时里也要来这里泡一下，如果在湖中挖出白颜色的泥，不仅可以美颜健体，而且还会被视为好运的象征。

古议会旧址是冰岛历史上最负盛名的圣地，也是国家的摇篮，更是西方国家政治发祥地之一。冰岛古议会旧址建立于930年，是世界上最古老且延续至今的国会，位于辛威里尔平原上，距离首都雷克雅未克大约40千米。这里风景虽平常，却是人类文明值得铭记的脚印。

古斯佛瀑布是冰岛人最喜爱的瀑布，也是欧洲最著名的瀑布之一。当瀑布从上端倾泻而下的时候，飞溅的水珠弥漫在天空，在阳光下形成一道道亮丽的彩虹，仿佛整个瀑布都是用黄金锻造，景象瑰丽无比，所以这座瀑布也被称为

"黄金瀑布"。1975年，农庄的主人将瀑布献给冰岛政府，作为自然保护区，才让人们得以欣赏到这一美妙盛景。

冰岛是一个高福利、高待遇和高税收的国家。在这里生活的人们贫富差异并不大，犯罪率几乎为零。冰岛的GMP排在全球第4。也许是优裕安逸的生活没有太大的压力，当地的人显得非常悠闲，而且待人诚恳、热情大度，再加上冰岛的自然环境完全没有被污染，所以人们都很长寿。冰岛妇女是世界上最长寿的妇女群体，平均年龄可以达到80岁以上，男性平均寿命可以到76岁以上，不得不说这是一个幸福而长寿的国度。

如同梦境一般美好的冰岛，仿佛是世界尽头的"冷酷"仙境，不被人间的诱惑所动，也不被外界喧嚣所扰，人们在那里幸福地生活，直到天荒地老。

▲ 蓝湖

旅程随行帖

长寿秘诀

　　冰岛人是世界上最长寿的民族之一，科学家发现，这里的人们之所以长寿可能与一种名为"玛土撒拉"的基因有关，当然也与他们每天泡温泉、饮用本地纯净的矿泉水密不可分。特殊的地理构造让冰岛获得了丰富的地热资源，在露天温泉里游泳几乎是冰岛人最日常的生活，大多数冰岛人出生没有几个月就会被父母带到温泉中学习游泳，所以露天温泉既是养生之地，也是冰岛人的社交场所。另外，冰岛人知足常乐、不怨天尤人的乐天性格，被公认是世界上最快乐的人，也是他们长寿的秘密。

北海道，在白雪皑皑中沐浴温泉

Hokkaido

来到北海道，你会发现造物主真的偏心，否则就不会让它如此之美。

每一个人的心中都有一个浪漫的梦，而北海道就是这样一个满足大家浪漫梦想的地方，这里有唯美的花海、宁静的乡野和深邃的大海……春天的时候，北海道的美色彩斑斓。而夏天的时候，它又成了"东方的普罗旺斯"，成片的薰衣草花田一片紫韵，向日葵花田一片阳光，美得香气扑鼻。到了冬天，漫天的雪花给北海道带来了北国风光，又是另一种风韵的美。

醉人的雪国之美

曾获得诺贝尔文学奖的川端康成在其著名作品《雪国》的开篇中就有经典句子："穿过县界长长的隧道，便是雪国。夜空下一片白茫茫，火车在信号灯前停了下来。"

如果你还无法幻想那个场景，可以看看日本经典爱情电影《情书》中那段飘雪的画面，女主角在白茫茫的大山前对着天空呼唤："藤井树，你还好吗？"以及渡边淳一在小说《魂归阿寒》中所描写的雪夜里那份世人难容的挚爱，跟随着作家的笔触，你就可以真正感受到雪的国度——北海道带给你的奇特之美。

通过著名导演冯小刚的电影《非诚勿扰》，很多人已经了解了北海道是一个从11月就开始雪花飘飞的地方，但要等到真正的大雪降临，则要在12月到2月之间，而且雪会一直下到4月或5月才渐渐停下来。所以有人说"北海道一年倒有半年雪"，真是一点都不夸张。

北海道，是日本一级行政区，位于日本最北端。此地西临太平洋，南濒太平洋，东北濒霍次克海，西南以津轻海峡与本州毗邻，北隔阿彼鲁兹海峡与库页岛相望，是控制两峡的战略要地，素来有"日本北门锁钥"的定位。

▲札幌是北海道的行政中心和工商业中心，每年在这里举行雪祭，广而知名。

　　北海道的地势中部高、四周低，中部有山地，所以地形起伏较大，周围则是广阔的平地。这里的森林覆盖面积占据总面积的70%以上，而且人口密度很低，全年气候寒冷，冬季尤其漫长。

　　作为日本的旅游胜地，北海道也是日本的粮食基地，这里盛产小麦、马铃薯、大豆、牛乳等，牛乳产量居日本前列，捕鱼量位于日本首位，同时北海道还是日本重要的煤炭产地。

▲在北海道，最本色纯粹的季节就是冬天，一片银装素裹，洁白美丽但是并不会冷得刺骨，而是风柔雪软。

北海道的首府城市札幌以迷人的雪景闻名于世，冬天是游览北海道的最佳季节，因为一年一度的北海道雪祭盛会都会在每年2月上旬开展，每当这个时候，全国的高手都会云集于此，各展身手，呈现最杰出的冰雕艺术作品。

作为首府的札幌位于北海道石狩平原，横跨丰平川。这个城市有4条地铁线，电车和交通网络四通八达，分布很广，出行非常方便。位于札幌市中心的大通公园东邻电视塔，西靠山区的秀丽风光，而且距离札幌计时台钟塔和国际交流中心也很近，是游客必去的地方。这里一年四季都非常美，而到了冬天，整个城市都处于一片雪白之中，充满了浓郁的北国风味。

除了札幌，富良野与小樽也是北海道闻名于世的旅游胜地，富良野四季都有绚烂多彩的风光，春天到处都盛开着观音莲，夏天则有芬芳的薰衣草，到了秋冬世界，你能欣赏到满山的红叶与晶莹的蒸汽水珠。而位于北海道西南部的小樽则富有浪漫气息，唯美爱情电影《情书》的取景地就是这里。

雪雕与深山密汤

北海道的雪别具特色，因此也出现在很多日本小说家和艺术家的作品之中。1885年，小说家幸田露伴写出了第一部关于北海道大雪的小说《突贯纪行》。此后，岩野泡鸣的《放浪》、长田甘岩的《零落》、国木田独步的《空知川的岸边》、德富芦花的《寄生木》等作品，都对北海道的大雪做了细致的描述，也让人们更加深刻地认识了这个地方。

北海道首府札幌每年2月初举行的国际冰雪节不仅是一次闻名遐迩的活动，更是一次北海道雪文化的盛宴。在冰雪节期间，高达15米的大型雪雕和市民随意制作的小型雪雕一起展出，星罗棋布地出现在街头，各种动画人物、各地标志建筑都出现在蔚蓝的天空下，显得纯洁而又宏伟壮观。到了夜晚，灯光映照着精美的雪雕作品，又呈现出不一样的美景。札幌每年平均降雪量可以达到480厘米，是世界各大城市之中所罕见的。为了应对大雪，政府每年都会划出一笔150亿日元的名为"雪对策"的经费，让全市每个人都可以领取8200日元的除雪费，帮助政府清除积雪。但是札幌市民却并没有将雪当作是负担，他们在雪中愉快地玩耍，享受着大自然最纯洁的赐予。

在雪国，还有一项独具日本特色的活动，那就是在大雪纷飞之中泡温泉，体验"冰火交融"的独特感受，这也是北海道雪文化的精髓所在。以"深山密汤"而远近驰名的北海道温泉，有许多供游人享用的汤池。温泉之乡涌出的温泉，顺着地势垂直流下来，"汤

▲ 北海道富良野的薰衣草。夏季来临时，薰衣草争相盛开，漫山遍野极为壮观，所以富良野也被称为"东方的普罗旺斯"。

▲ 北海道的冬天是最纯粹的。

烟"袅袅升起，给人一种如临仙境般的缥缈感觉。在温泉之中看着飘然而落的大片雪花缓缓飞入飘摇升起的热气里，透过湿润的薄雾看着水墨画一样的远山风景，简直让人沉醉不已。

神秘雪山与阿伊努人

在北海道的民间传说中，冰雪是雪姬仙女的华衣。瑰丽的雪景让北海道变成了一个银装素裹的世界，无论何处都透着晶莹。隆冬时节，走在北海道的大街上，一地新雪衬得心头一片空灵。乘坐小樽驻港的缆车，穿梭在平静的港湾，就连电影里也无法完全呈现它的美。

雪山是北海道雪景中最重要的组成部分，也是最有神韵的部分。在下雪

◀日本的阿伊努人

◀在札幌国际冰雪节上，用雪雕刻而成的宫殿前面，游客人来人往。

◀札幌国际冰雪节上的雪雕作品

天去爬山，别具一番滋味，随着脚步的不断向前，天、地、山、雪，茫茫地连成一片，身处其中，人就仿佛被裹进了一个混沌世界，在万籁俱寂中心神也静到极点，单纯得无知无觉、无欲无求。

在北海道东部，有一个神秘的火山口湖，被当地人称为阿寒湖。阿寒湖位于阿寒山岳顶端，湖水深45米，在湖畔居住着日本唯一的少数民族——阿伊努人。他们认为自己是"天上的人"，是天神派遣到人间的使者。

阿伊努人服饰穿着与极北地区的部族类似，在文化上和大洋洲的土著文化有很多共同点，这种奇怪的现象至今仍是人类学家一个难解的谜。

居住在阿寒湖畔，与雪山和冰湖相伴，阿伊努人对雪有一种天生的钟情。当冬天来临的时候，阿寒湖结出一层厚厚的冰块，他们会和游客一起参加烟花大会，一起感受冬日里的喜悦。除此之外，阿伊努人保留下来的传统庆典仪式也可以让游客参与其中，"点火把祈福仪式""熊祭"等阿伊努人盛典都是来到这里的游客不可错过的节目。

Egypt

金色**埃及**，追寻法老的足迹

　　横跨亚非两大洲，虽然埃及境内95%的国土都是沙漠和荒漠，炎热而干燥的热带沙漠气候却没有磨灭这个民族的智慧。

　　也许有人对埃及的印象仅限于金字塔，也许有人只知道木乃伊，不管是哪一个文化符号都是古埃及留给全人类的文明宝典，其中蕴含着现代人都不可想象的文化珍藏。人类历史上第一部太阳历，人类历史上最宏伟的神庙，人类历史上最高的金字塔，融汇了天文、地理、医学与建筑学等多个学科的知识，让现代人一边解密，一边赞叹，一边膜拜。

开罗与吉萨

　　埃及首都开罗是中东地区的政治、经济、文化中心，是重要的国际海陆空交通枢纽站，也是非洲的第一大城市。在尼罗河三角洲顶点以南14千米，开罗占据了尼罗河两岸最富饶的土地。在642年的时候，开罗只是尼罗河东岸一个小小的村镇，但到了969年，阿拉伯帝国法蒂玛王朝征服了埃及，在小镇的北面建立了都城，命名为"开罗"，阿拉伯语为"胜利"之意。经过历代王朝的不懈努力，开罗已经囊括了尼罗河两岸和河中的岛屿，有多座桥梁作为沟通，城市之中现代文明和古老的传统相并存，现代建筑、欧美建筑都集中在西部，而古老的阿拉伯建筑和250多座清真寺则集中在东部。在这里高耸的塔尖随处可见，神圣的清真寺让这座城市带上了不可忽视的光环，古

▶高高耸立的开罗塔

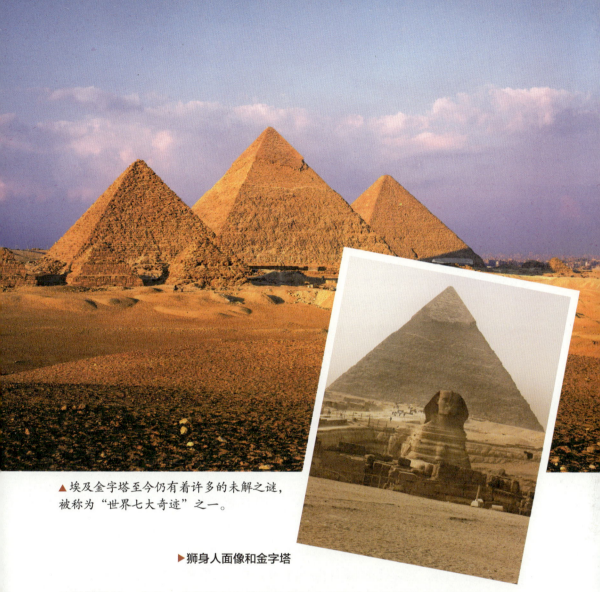

▲ 埃及金字塔至今仍有着许多的未解之谜，被称为"世界七大奇迹"之一。

▶狮身人面像和金字塔

埃及博物馆、苏丹·哈桑清真寺等建筑都是名扬海内外的埃及文化杰作。

在尼罗河中心的小岛上，一座高约187米的现代建筑开罗塔是如今开罗的标志。这座建筑的下层有入口台阶和塔基，都是用阿斯旺的花岗岩雕刻而成，塔的上部则像是一朵开放的莲花，顶部是一根伸向天空的尖尖的柱子。如果说清真寺代表着开罗曾经的辉煌，那么开罗塔则代表了现代开罗开放、时尚的一面。

位于开罗西南10千米处的吉萨拥有埃及文明最璀璨的遗物，这里不仅有世界七大奇迹之首的金字塔和狮身人面像，还有神秘的埃及宝藏，累计约70多座金字塔。

胡夫金字塔是埃及第四王朝法老胡夫的陵墓，也是埃及最高、最大的一座金字塔，建成于公元前27世纪。这座塔原高146.59米，因风化顶端剥落，现高136.5米，四周底边原长230米，现因石灰石脱落减为227米。为了修建这座巨大的金字塔，法老使用了230万块巨石，它们平均每块重量都达到了2.5吨，大的超过15吨，而且石块之间不使用任何黏合物就做到了严丝合缝。历时20多年建成的如此重大的工程，现代人都猜不透它到底是怎么修建的，堪称是人类迄今为止都无法解开的谜题。

虽然吉萨有成群的金字塔，但可以与胡夫金字塔媲美的只有哈夫拉金字塔，这座塔比胡夫塔略小一些，在塔的一侧还有一座狮身人面像，这座石像是用一块露出地面的巨大岩石就地雕刻而成，据说是法老哈夫拉的模拟像，它高21.3米，光是一个耳朵就2米长，足以彰显法老王的威严。

为了更好地领略埃及文化，你不仅可以乘坐骆驼在开罗和吉萨感受埃及热情的阳光、瞻仰它们璀璨的文化遗产，而且还可以在晚上欣赏古迹声光表演。当不断变幻的五彩灯光照射在那些傲人的古迹之上，演员会模仿古人发表各种感言，古埃及人的生活场景会一一呈现在你的面前，会让人不得不感叹这个民族是多么智慧超群。

灯塔与神庙

埃及是一个遍地是宝藏的国家，埃及的先民留下了太多让人叹为观止的奇迹，除了金字塔之外，亚历山大灯塔和阿布辛贝神庙也一样令人惊奇。

亚历山大城是埃及最大的港口和地中海沿岸的避暑胜地，是一座文物古迹非常丰富的古城。这座城市东西长达30千米，但南北最窄的地方才2千米。面对着浩瀚的地中海，背靠着波光潋滟的迈尔尤特湖，风光旖旎，气候宜人，难怪在公元前332年被希腊马其顿国王亚历山大一世选中，并定为当时埃及的首都。

经过了马其顿王朝和托勒密王朝的建设，亚历山大城堪称当时世界上最发达的城市，光是被称为古代世界七大奇迹之一的亚历山大灯塔就足以证明这一点。这座灯塔位于法洛斯岛上，是公元前278年托勒密二世为了引导航海而修建，据说灯塔分为四层，分别有不同的功用。第一层是正方形，也是灯塔的底层，高60米，有300个房间供人居住。第二层为高30米的八面体。第三层则是圆形，高38米，顶部有一个磨光了的金属镜。这面镜子白天反射阳光，晚上反射灯塔之中火盆的光亮，为远处的海船导航。

亚历山大灯塔服役数百年，使这里的渔民不再经常迷航。但此塔却未能逃过厄运，它在1326年的一场地震中坍塌。后人为了纪念它，在其遗址上修建了航海博物馆。

如果要在这个世界上寻找一个足以媲美金字塔的奇迹，埃及神庙就是不二之选。位于埃及最南端尼罗河畔的阿布辛贝神庙，修建于3000多年之前，寺庙全部修建在尼罗河西岸的悬崖峭壁之上，高33米，宽37米，纵深62米。这里有四尊高20米的拉美西斯二世坐像，光是头的宽度就达到了3.9米。20世纪60年代，为了修建阿斯旺水库，全世界科学家一起抢救了这座文化遗产，将它原封不动地迁移到了更高的地方，才让后来人得以继续瞻仰它的绝世华美。

与阿布辛贝神庙齐名的卡纳克神庙，位于埃及中部尼罗河东岸，是古埃及首都底比斯古城遗址的一部分。这座神庙始建于公元前1870年，其后有十多个王朝对其加以扩建，是埃及法老献给太阳神、自然神和月亮神的庙宇。神庙建筑巍峨凝重，是综合性的巨大建筑群，面向尼罗河的庙门高达38米，全部用巨石构建，是世界上仅存规模最大的神庙。

古代埃及人的智慧无与伦比，他们创造的文明至今让人赞叹，除了这些可见的文化遗址之外，根据尼罗河泛滥规律而制定的太阳历影响了整个人类，至今依旧发挥着作用。在灵魂不死的观念之下制造的木乃伊，让人们膜拜古埃及的医学水平与成就。而古埃及人在公元前3500年左右就发明的象形文字，更是世界最古老的文字系统，至今依旧无法完全解读。所有的这些，都是古埃及人留下的璀璨明珠，需要后人去继续探究。

 旅程随行帖 〉〉〉〉〉〉〉〉〉〉〉〉〉〉〉〉〉〉〉〉〉〉〉〉

埃及国旗和国徽

埃及国旗为长方形，长宽所占比例是3:2。国旗的颜色自上而下分别由红、白、黑三个色块平行相等的横长方形组成，其中白色部分的中间位置是埃及的国徽图案。国旗上的红色象征革命，而白色象征纯洁和光明的前途，下方的黑色部分象征埃及过去所经历的黑暗岁月。

埃及国徽的图案是一只金色的鹰，埃及人称之为"萨拉丁雄鹰"。这只金鹰昂首挺立，舒展双翅，它象征着埃及人民的勇敢、忠诚和所取得的胜利，是埃及人不畏烈日风暴、自由翱翔的化身。在金鹰的胸前，有红白黑三色组成的国旗图案，底部座基上还有用阿拉伯文字写的"阿拉伯埃及共和国"字样。

冬之祭，白云之乡**新西兰**的冒险时光

白云，绿茵，新西兰似乎天然就带有各种清新自然的色彩，如同一阵青草味的微风。

坐落在太平洋南部，介于南极洲和赤道之间，新西兰与澳大利亚隔海相望，与汤加、斐济比邻，在北岛、南岛、斯图尔特岛以及附近一些小岛屿的共同建构下，这个27万多平方千米的国家拥有了6900千米的海岸线。热带海洋性气候让它四季如春，也让它绿草如茵，广袤的森林和牧场让新西兰成了名副其实的"白云之乡"和"绿色王国"。

湖光山色，白云故乡

如果要为新西兰找到一个主人，毛利人一定是不二之选，因为这里最具资历的民族就是毛利人。从14世纪起，毛利人就从波利尼西亚来到新西兰定居，成为这片土地最早的居民。但一直到17世纪40年代初期，荷兰航海家阿贝尔·塔斯曼来到这里，才为这片土地命名为"新泽兰"。在此后的岁月中，英国人也大量移民而来，并宣布占领这片美丽的土地，还将它的荷兰文名字"新泽兰"改成了英文的"新西兰"。

新西兰的首都惠灵顿地处新西兰北岛的南部，遏制着库克海峡的咽喉，是全国的中心位置，也是南北二岛往来的交通枢纽。这里三面环山、一面临海，环抱着尼克尔逊港，因此也是世界上最好的深水港之一。

惠灵顿处于地质断层地段，除了临海的那一面之外，整个城市都靠山而建。由于它濒临海湾，再加上

▶除了音乐和舞蹈外，木雕也表现了毛利的文化特征，这种木雕品已成为赠送他人的最佳礼物。

地势较高，时常会受到海风的侵袭，一年之中有大部分日子都在刮风，所以也被称为"风城"。享受着海风的吹拂，感受着海景的熏陶，惠灵顿有着浓厚的文化气息，这里有具有历史意义的博物馆和美术馆，也有让人沉醉的葡萄酒和美食，为每一位游客带来了难得的美妙体验。

除了山色，新西兰的湖一样让人迷恋。陶波湖位于罗托鲁瓦以南，是世界上最大的火山湖，也是新西兰最大的湖泊。几千年前的火山爆发、地层陷落形成了如今的陶波湖，它如同一块镶嵌在群山之中的美玉，美丽而又沉默。在湖周围的高原上，火山碎石覆盖了整片土地，让它变得更加肥沃，这里森林密布，是早期毛利人居住的地方。

647平方千米的陶波湖，南北长40千米，东西最宽处27千米，汤加丽罗河等7条河流汇聚成了这片灵动的湖水，而它又通过怀卡托河让这汪碧水流向了整个新西兰。冬天来临的时候，新西兰人喜欢来到陶波湖冬泳，因为这个湖是一片温水湖，上百个水湾和岛屿让人们乐不思蜀，或湖中垂钓，或水中游弋。这里还有蒸汽崖和多种矿泉浴设备。当怀卡托河从近250米的宽阔河床突然收敛，进入不到18米的峡谷，激流飞越过12米的悬崖飞泻而下，著名的胡卡瀑布就此诞生，它磅礴的气势，让人赞叹不已。

火山、温泉与国家公园

新西兰的地表景观富于变化，北岛以温泉和火山为主，而南岛却有很多冰河与湖泊。北岛的鲁阿佩胡火山与周围的14座火山组成了独特的地貌，是世界上罕见的火山地热异常带。这里分布着1000多个高温地热喷泉，千姿百态的沸泉、喷气孔、沸泥塘和间歇泉，简直让人如同走进了一个奇妙的童话世界，是新西兰的一大奇景。

既然是绿色王国，新西兰的森林覆盖面积自然不会小，其中尤以库克山国家公园为最。这座国家公园里有15座海拔3000米以上的山峰，而海拔2000米以上的山峰也有140多座。连绵起伏的山峰气势磅礴，海拔3764米的库克山更是卓然出尘，它不仅是新西兰最高峰，也是大洋洲第二高峰，有"新西兰屋脊"的美誉，也被称为"南半球的阿尔卑斯山"。

在库克山国家公园里，不仅有湖泊和山林，还有雪山和冰川，高原植被和珍稀动物在这里也显得稀松平常。库克山峰顶常年被冰雪覆盖，而深谷之中自

▶皇后镇是全球有名的探险之都，滑雪、跳伞这样刺激的事情在这里都值得一试。那一刻，你融入周边的美景之中，感觉真正拥有了自由。

然也隐藏着很多冰川，有呈现出深赭石色的冰蚀湖，也有清澈翠绿的雨水湖，而群山之中最大的冰河则非塔斯曼冰河莫属，它是除喜马拉雅山脉以外最大的冰川之一，全长29千米。人们似乎感受不到塔斯曼冰河的流动，但它却在悄悄地移动着，带着山体的碎石下滑，让冰川表面形成了无数的裂缝和冰塔，千姿百态的造型堪称鬼斧神工。

伊甸山也是一座火山，不过却是一座死火山。这座火山位于新西兰奥克兰市中心以南5千米，是奥克兰最重要的象征之一。登上伊甸山，在山顶的瞭望台四处眺望，广阔的视野可以让你尽览奥克兰市景风光。在这里，你还可以看到毛利人祖先建造的要塞遗迹。伊甸山还有一个世界闻名的标志牌，上面是世界各大首都城市到这里的千米数，例如从北京到奥克兰的距离是1.4万千米。

探险之都皇后镇

皇后镇，又名"昆士敦"，也有人称之为"昆斯顿"，这个名字来源于维多利亚女王。这座城市位于新西兰瓦卡蒂普湖北岸，毗邻曾经的淘金地——箭镇，这里还保留了中国人在新西兰淘金时遗留下来的中国村。

进入市区，一路都可以看到高耸参天的白杨树，优雅高贵的姿态恰如女王一般。皇后镇最热闹的莫尔大道，从湖岸一直延伸到了山林之中，道路两旁商店餐厅林立，访客悠然而行。

来到皇后镇的人都是为了寻找刺激，因为这里最适合探险，镇上有很多专门设计的探险活动，包括雪上运动、蹦极、喷射快艇、骑马和水上漂流等，你还可以在博物馆里租一套淘金工具，体会淘金的独特感受。

19世纪60年代以来，船长峡谷便一直是皇后镇采金活动的中心，如今它也是爱好冒险的游客们的乐园。峡谷中保存了很多金矿遗迹，有些经过修整，有些完全是原生状态，游客可以进入其中一探矿坑的神秘。

皇后镇还是高空弹跳项目的鼻祖，这里的人们最早开始玩这项刺激的活动，也为游客提供各种高空弹跳游乐项目。当你跃下高崖的那一刻，一定可以感受到重力加速度所带来的独特刺激，那种感受定会让你终生难忘。

在激流中泛舟也是皇后镇历久不衰的热门活动之一，皇后镇拥有的水流湍急的大小河流都可以任凭游客泛舟而下，顺着水势，一路欣赏独特的峡谷地形、原始丛林和变化多端的水流，既可以欣赏美景，又可以感受大自然的脉动。如果你觉得这还不够，那么喷射快艇一定可以让你感受超快感，这项运动在皇后镇已经有20多年的历史，游客在快艇上快速奔驰，穿梭在高山峡谷之间，那种惊心动魄是来到皇后镇必须体验的。

冬日的皇后镇到处白雪皑皑，无数的滑雪爱好者都集聚在这里，一同享受美丽而激情的冬天。如果说夏日里的皇后镇是阳光、垂钓和远足的乐园，秋日里的皇后镇又是欣赏落叶与打高尔夫的好时节，那么冬日里的皇后镇带给你的除了纯白一片的醉人美好，还有自雪峰顶上冲下的快感。

▲ 皇后镇瓦卡蒂普湖，这里风景绝美，宛如仙境。

 旅程随行帖

毛利文化

新西兰 15% 的人口是毛利人后裔，他们有自己独特而又丰富的文化。毛利人对待客人的最高礼仪是碰鼻礼，而且他们的纹面传统也广为人知。毛利人有自己独特的舞蹈，名为"哈卡"。这种舞蹈来自于毛利土著武士的战舞，男女舞蹈的具体方式有所不同，新西兰国家橄榄球队在每次比赛开场之前，都会集体表演这种舞蹈，用来鼓舞士气。新西兰的罗托鲁克是毛利文化荟萃之地，这里有一个叫作奥希内穆图的毛利村，至今保留着毛利人的会议厅，厅中的柱子上还雕刻着记述阿拉瓦部族历史的精美图画。

图说天下
国家地理系列

最美的季节去最美的地方

追着四季去旅行

选题策划：旦旭图书

文图编辑：杨　静　王心斋　程岩峰

美术编辑：刘晓东

图片提供：视觉中国

　　　　　北京全景视觉图片有限公司